Històries de la mà esquerra

butxaca 62

Jesús Moncada

Històries de la mà esquerra

Pròleg de Pere Calders

edicions 62
Barcelona

La primera edició d'aquesta obra va ser publicada
per Edicions de la Magrana l'any 1981.

Primera edició dins aquesta col·lecció: maig de 2004.

Peu de la Creu, 4, 08001 Barcelona.
www.edicions62.com
correu@grup62.com

Fotocomposició: Víctor Igual, s. l.,
Còrsega, 237, baixos, 08036 Barcelona.

Imprès a Liberdúplex,
Constitució, 19, bloc 8, local 19, 08014 Barcelona.
Dipòsit legal: B. 20.396-2004.
ISBN: 84-297-5458-X.

L'HOME I LES SEVES LLETRES

Ja se'm fa vella la declaració que els pròlegs són innecessaris, i que potser fan una mica de nosa i tot. Són com un paravent interposat entre l'autor i el lector, que allò que volen (si tot va bé) és entrar en contacte de seguida.

Però si cada casa és un món, es podria dir amb el mateix aplom que cada cas és un univers. I el meu cas amb en Jesús Moncada cal posar-lo a part, almenys pel que fa a l'intent —qui sap si també de precària utilitat— de dividir en capítols la vida de cadascú. Vaig conèixer en Jesús Moncada quan feia poc que havia arribat de la seva Mequinensa natal i vam establir relacions de treball en una mateixa empresa. En Moncada encara estava trasbalsat pel canvi geogràfic i es presentava a si mateix com un jove bàrbar, un pic ferotge, com si es proposés reforçar amb paraules la seva pilositat facial: una abundosa barba negra i un bigoti que hi fa joc. En el tracte, en Moncada semblava voler remarcar la primera impressió que produïa, amb una manera directa d'enfocar els temes i una aparent brusquedat que fugia dels circumloquis. Ara bé: vaig descobrir de seguida que aquell jove de la franja catalana d'Aragó no aconseguiria mai de donar una imatge de barbàrie, sinó tot al contrari. En la seva vida quotidiana, més aviat fa pensar en un tòpic ciu-

tadà anglès. Fuma amb pipa dins uns horaris rigorosament establerts (mai abans de l'hora fixada!), i tria les mixtures de tabac fixant-s'hi molt, no les encén així com així. És un fanàtic del te, però no pas de qualsevol, sinó d'unes procedències i d'unes marques determinades, que a vegades va a comprar molt lluny del lloc on viu. I planifica el seu temps sense deixar cap hora a l'atzar, és un home de compromisos acceptats i puntualment acomplerts, a la manera d'allò que abans en deien un senyor i que ara tendeix a desaparèixer. Però si ens pensàvem que amb aquests detalls havíem completat el quadre aniríem ben errats, perquè en Jesús Moncada és una persona de grans abrandaments, un apassionat. No passa de res i s'interessa vivament per tot. Pinta, dibuixa i escriu, sense prendre's res a la lleugera, posant-hi els cinc sentits. S'amoïna per la pàtria i per la marxa de la civilització, participa activament i pateix per tot allò que val la pena de patir-hi, sense inhibir-se de rumiar solucions.

Aquestes confidències, d'un amic parlant d'un amic, poden semblar gratuïtes en uns mots preliminars diguem-ne de presentació. Però penso que no ho són, perquè tot el que he dit es reflecteix en la seva narrativa i, fins a cert punt, en donen alguna clau.

Hi ha altres fets, segurament tant o més importants, que determinen la personalitat d'aquest escriptor. En Jesús Moncada ha passat per l'experiència de veure desaparèixer sota les aigües (i escombrat per profundes transformacions socioeconòmiques) el món de la seva infantesa. Era un món bigarrat, ple de caràcter: la Mequinensa de les mines de lignit i de la navegació fluvial, amb terres d'horta, petits nuclis ramaders i una caça abundant. Minaires, llaüters i hortolans dedicaven els lleures a caçar conills, perdius, senglars (i a vega-

des cérvols), la qual cosa donava lloc a converses de cafè molt animades, en el transcurs d'unes partides de cartes memorables. Dos rius, l'Ebre i el Segre, unien Mequinensa amb els centres de la seva activitat comercial, i en aquesta confluència, ajocat a les dues ribes, el poble antic havia vist transcórrer els segles amb una immutabilitat trencada, només, per les guerres i pels canvis polítics. Els costums i l'idioma nostre persistien a desgrat de mutacions imposades lluny d'allí. Administrativament, Mequinensa depèn de Saragossa, però mira de cara a Lleida. Una divisió de vides i d'interessos que sempre marca el caràcter dels homes, però que Mequinensa aguantava tot conservant la fesomia essencial.

De cop i volta, el progrés, amb l'aire que pren a vegades d'atropellar-ho tot, va acabar amb unes cases i uns carrers que havien sobreviscut a les guerres entre cristians i almoràvits, la del francès, les carlines i la guerra civil espanyola. L'antiga Mequinensa havia d'ésser sacrificada a la construcció del pantà de Riba-roja i va quedar negada per l'aigua dels dos rius, es convertí en una vila fantasma, amb les pedres velades per reverberacions submarines. En Jesús Moncada va sofrir aquest procés com si sentís que li robaven els records de la seva infantesa, en va fer un drama personal. Residia a Barcelona, però ell, que estima de cor la seva terra i la seva família, feia anades i vingudes freqüents i, a cada retorn, es mostrava dolgut i entristit per una pèrdua sentimental irreparable. Si ho esmento ara, en obrir les portes d'una lectura, és perquè estic convençut que això fou una de les causes, potser la més poderosa, que incitaren en Moncada a escriure. Volia rescatar amb la paraula alguna cosa molt entranyable que li prenien, i deixar-ne constància escrita perquè no es perdés del tot. Les primeres narracions que em va donar a conèixer reflectien aquest estat d'esperit i em van interessar profundament. Significaven una aportació molt personal, molt considerable, a la nostra literatura.

Però els motius apuntats eren tan sols una incitació —ho repeteixo— perquè en Moncada no es proposa d'ésser un escriptor costumista, ancorat en un llenguatge sota l'empara d'enriquidores formes dialectals. Les seves inquietuds van més enllà i se sent atret, també, per altres desafiaments. El preocupen amb plena consciència el país, l'idioma, els tombants de l'època i, és clar, l'home baquetejat per tots els elements que sovint el desborden. Ho fa acostant-s'hi amb un desig de comprensió a través de la tendresa i d'una espurna d'humor, amb tocs de tremendisme (sagaçment distribuïts) que fan de contrapunt a la desemparança dels personatges. El resultat és altament gratificador: hi ha contes seus que podrien figurar amb plena dignitat en qualsevol antologia del gènere i els altres, tota la resta, retenen amb vivesa l'atenció del lector.

I és per respecte al lector, als lectors, que acabo aquí, perquè seria indiscret i barroer no donar per fet que cadascú descobrirà pel seu compte uns valors que es fan ben evidents. Sento que no tinc cap dret a privar ningú del goig de les sorpreses agradables.

PERE CALDERS
Juny de 1981

HISTÒRIES DE LA MÀ ESQUERRA

Als meus pares

JOCS DE CAPS

Hermes de Tamariu —dues dents sí, quatre no i les poques endolades— rentava culleretes de cafè darrere el taulell d'El Peix que Fuma.

Era un divendres, al vespre.

L'establiment, dels de columnes i espills on es podien sorprendre velles imatges blavoses com vagues taques de fum, era gairebé buit. Només al fons, a la dreta de la taula del billar, davall del gran rellotge de paret que marcava les dues d'un migdia de trenta-dos anys enrere, els jugadors de manilla feien la partideta quotidiana.

Hermes pensava, rentava culleretes i pensava.

El seu cervell absorbia tot el dia amb avidesa els sucs espessos que regalimaven de l'atrafegat viure dels seus conciutadans i, a la nit, amb gargarismes de misteriós alambí, els destil·lava. Cada cop l'esperança —i molt sovint les celles— li fugien amb una flamarada i Hermes tan sols trobava, després de la bullida, aquella escorça dura de la desconfiança, la teranyina viscosa de les hipocresies, els sediments i fangs negres, apegalosos, de les paraules buides, els licors aigualits de la beneiteria, la pobra mosca distreta que ja no espeternegava...

Tanmateix, malgrat el pessimisme de les seves conclusions, el cafeter no gosava condemnar els seus semblants.

Una quera somnàmbula li corcava l'ànima i en les nits com aquella —a fora el vent de març esgaiava l'antiga i estremida pell del poble i cargolava per les cantonades udols de llunyania i paperasses— tenia la sensació d'haver-se convertit en una horrible mòmia regallada d'arrugues, encartonada i seca.

Per fugir d'ell mateix s'embriagava buscant la clau del misteri de les petites coses. Del rellotge de pèndol que marcava una hora morta; d'aquell oval més clar que quedà a la paret el dia que va treure el retrat de boda dels pares —dempeus ell, tibat i molt seriós, creuant-li el pit la gruixuda cadena del rellotge de plata; asseguda la mare, el posat llangorós, dolç el mirar, amb un pom a les mans de flors pansides i cintetes blanques.

—Cavall de copes.

—Jo poso el rei.

—A passeig l'as! Mira que n'arribes a ser, de cap de soca, Bartomeu. Quantes vegades t'haig de dir que eixida de cavall és eixida d'animal!

—No pintareu.

Les veus el distragueren de les seves cabòries. Aixecà el cap i es mirà embadocat els jugadors que, concentrats i afanyosos —mato de set, hi torno de manilla, la basa va de copes—, seguien la partida sota la llum mortoïna de la bombeta polsosa. I va semblar-li que allò feia segles que durava, que era una còpia —dolenta i desenfocada— d'una partida eterna.

Ja deu fer ben bé trenta anys de tot allò, i tot i això li havia fet l'efecte que, al lloc dels jugadors, hi eren Francesc Ibars, Joanet del Sastre i Sebastià Peris amb la seva pipa. Sebastià, durant la guerra, va caure al front de Terol; Francesc Ibars era a França, i Joanet —Joanet sempre cantava— havia mort a la mina desfet per un cartutx de dinamita que va explotar més aviat del compte.

Tanmateix, si no fos pels caps, diries que són ells —el de l'esquerra agafava les cartes igual que Francesc Ibars; el posat d'aquell del mig era, clavat, el de Peris... El record d'aquest darrer va amargar-li la saliva.

Mentre glopejava aquelles aigües mortes li semblà que alguna cosa estranya ocorria amb els caps dels jugadors. Feia la impressió que anaven engrunant-se a poc a poc; que alguna cosa com serradures els relliscava del front, de les parpelles, igual que si una llima invisible els anés erosionant.

—Porto son endarrerida —digué el cafeter fregant-se els ulls.

De sobte un cop de vent obrí de bat a bat les portes del cafè i fullejà el calendari. Els caps dels jugadors es van desfer; un revoltim de cendra emboirà El Peix que Fuma com un confit macabre de festa d'ultratomba.

«Jo no sé per què la Xima
no m'estima!
Ai, la Xima,
ai, la Xima!»

—No pot ser! —cridà Hermes.

Damunt les espatlles de l'escapçat de la dreta, el cap de Joanet cantava la seva cançó de sempre.

Hermes, horroritzat, no gosava ni moure's de darrere el taulell. Ni el cap de Joanet ni els d'aquells desconeguts que ocupaven els cossos dels altres jugadors no semblaven adonar-se de la seva presència. Van barrejar, escapçar i repartir enmig d'un gran silenci que només de tant en tant —quan feia una bona basa— estellava la veu del seu amic:

«Ai, la Xima,
ai, la Xima!»

Veient que ni se'l miraven, el cafeter es tranquil·litzà una mica i procurà pensar, trobar la clau del misteri. Al cap d'un moment, però, va donar-se per vençut; no ho entenia. Ell mateix havia tancat els ulls a Joanet el dia que va morir; havia estat un dels sis que el portaren a dintre del taüt cobert de cap a peus de romaní i de flors, camí del cementiri!

Després d'una llarga estona li semblà que la partida s'acabava.

—Potser ara em diran alguna cosa —i un calfred li pujà per l'espinada.

Els caps, però, abandonant els cossos, van desaparèixer.

De molt lluny, descolorida, arribava la cançó:

«Jo no sé per què la Xima...»

No va tenir ni temps de saber què passava quan ja quatre caps més ocupaven els colls buits...

A partir de llavors tot va ser el mateix. Quan uns caps se n'anaven després de fer la partida, en venien de nous per començar-ne una altra. Tot aquell misteriós tràfec feia pensar Hermes en la gent que treu el cap darrere els ninots de fusta —la color cridanera i malfatxats— del retratista de festes, per fer-se fotografies vestida de mariner, d'aviador, de torero amb un toro de cartró, en les quals es miren després com al mirall entelat de les il·lusions mortes mentre del record arriba un ressò trist —molt llunyà— de musiqueta de fira.

La processó de caps passava amb lentitud escatant les crostes dels silicats del temps amb un cruixir enervant que accelerava el cor del cafeter.

Quan els tocava jugar, n'hi havia que es resistien a posar-se al cos fent ganyotes de fàstic o de por i se'ls veia atabalats durant tota la partida com si no sabessin què fer-ne, d'aquells membres; altres, en canvi —molt pocs—, s'hi adaptaven de seguida com si fossin fets a mida l'un per a l'altre, i quan, acabat el joc, se separaven, sonava un petar d'arrels i els cossos s'estremien. Hi havia qui plorava abans de començar, qui llançava les cartes amb desesperació, qui s'amagava l'as dins la màniga...; el qui jugava tranquil, el qui es pensava la basa, el qui ajudava el company. Es veia l'afanyós, l'avar tancant dins el puny les pintes que guanyava, el qui guaitava amb enveja el cos de l'altre.

De sobte el cafeter ho veié clar. Obligats per una força superior, lligats a uns cossos estranys que no podien escollir abans, els caps jugaven una terrible partida perduda fatalment ja abans de seure al voltant d'aquella taula. La jugada es repetia —sempre amb les mateixes cartes brutes i desgastades— a desgrat del barrejar il·lús dels jugadors, titelles desesperats en mans d'un invisible i poderós tafur que, amb un somriure cruel, els deixava guanyar petites bases i a la definitiva es treia la manilla del barret i feia trampa.

Quatre caps se'n van anar...

A Hermes va semblar-li que es mirava en un espill. El seu mateix cap era allí, damunt el cos de la dreta, amb l'elegant canotier que comprà a Barcelona en el viatge de nuvis, encara que una mica decantat cap a l'esquerra. Instintivament, Hermes aixecà el braç buscant l'ala del barret per adreçar-lo i el cap que se'l mirava va esclafir una rialla. Damunt el segon cos, calcat, el mateix cap duia una fulla d'olivera als llavis i gorra de milicià.

«Això devia ésser durant la batalla de l'Ebre» —va pensar el cafeter.

En aquell mateix moment flairà el perill...

—No! —cridà.

Però el cap ja era allí per tercera vegada. Ara fossilitzat, amb una aranya negra que li pujava per la galta esquerra.

Hermes, horroritzat, es portà la mà a la cara. Una cosa que es movia, molt tova i llefiscosa, va fugir-li entre els dits.

—Joan! Toni! ¿On sou? —cridà, desesperat, buscant els jugadors de cada nit—. Veniu a fer la partida! ¿Per què heu marxat? No em deixeu sol!

—Hermes, ets un covard.

La veu va clavar-lo en sec a tocar d'una columna.

—Mira'm. No em giris l'esquena.

—¿També tu? —contestà Hermes amb un fil de veu—. Vés-te'n, no t'he cridat!

—¿Per què tens por?

«No pot ser veritat. Ell és mort; el mateix que en Joanet, que els altres caps —va pensar el cafeter fent un esforç per tranquil·litzar-se—. Això és un rodament de cap. Així, si t'estàs així amb els ulls ben tancats durant una bona estona, el miratge, perquè ha de ser-ho per força, es desfarà, i quan obris els ulls cada cosa serà al seu lloc habitual: els quatre de cada nit a la tauleta del fons; el rellotge aturat, la vella cafetera... I quan te'n vagis al llit...»

—... i quan te'n vagis al llit —continuà la veu per ell—, entre els llençols blancs i nets la Joaquima esperant-te igual que cada nit. I l'endemà altra vegada el dolç ensopiment de cada dia.

—Sí. ¿I què? Ja em vaig cansar de lluitar, no va servir de res.

—... i l'aranya pujant-te per la galta...

—Aquell cap no era el meu! Vés-te'n, no et vull escoltar més.

—... cada dia més amunt.

—Calla, calla!

—Tanmateix, tens una oportunitat; encara falta un cap per jugar la partida.

—¿Per a què la vull, l'oportunitat? —tallà Hermes—. Ja ho has vist. Sempre ens fan trampa a la darrera basa.

—Tot i saber que és així, cal jugar i bé. Sense la mort no viuríem, vet aquí la paradoxa! Però tu, com un covard, t'has embenat els ulls per no jugar.

—¿Jo, covard? Es veu que ja no et recordes d'aquells temps. Si hi poguéssim tornar...

—¿Que em vols encolomar un verset de senyoreta romàntica, Hermes? A mi me'n parlaràs, de tot allò! Tanmateix, aquells temps, a desgrat de tot el que vam fer, no eren per quedar-s'hi, i aquests tampoc no ho seran. Cal sempre caminar. Bé, ara ja t'ho he dit tot. Aquesta partida, la jugaràs tu sol, vulgues o no, amb tu mateix. Tan sols hi falta un cap. Ara, me'n vaig. Adéu, Hermes.

—Espera't!

Quan va girar-se, però, ja el cap de Sebastià Peris —entre les dents, la pipa, partida per la bala que va matar-lo a Terol— se n'anava per l'espill.

—No teniu res a fer jugant amb nosaltres.

—El que passa és que heu anat carregats de manilles. Heu tingut molt bona carta.

—Ja t'ho deia, Bartomeu, no has d'eixir mai de cavall...

—Hermes, baixa d'aquesta cadira i vine a cobrar els cafès. Hermes, ¿que no m'escoltes? Mira-te'l, quines manies! Ara, després de trenta anys, dóna corda al rellotge!

L'ULL ESQUERRE DE TOMÀS D'ATURA

—Aviat eixirà el sol. He d'anar a la feina.

Elvira va obrir els ulls quan va sentir la veu. El mateix que una ombra viva, l'home se n'hi anava dels pits que tremolaven, del ventre, de les cuixes, abandonant-li a la pell estremiments que es pansien i una olor de sabó fort.

—¿A la mina?

—És clar.

Pel balcó obert a la nit —esgarrapada pels grills i nyagolada de gossos— entrava al dormitori la llum, bruta i deixatada, del fanal del carreró i pinzellava de lluentors pàl·lides els llençols arrugats, la negra calaixera de noguer, les parets a la calç, el cos de l'home.

—Alexandre...

—¿Què vols?

—¿El veuràs?

—Segur.

—No deixis que et miri als ulls.

—No diguis rucades. ¿Què vols? ¿Que ajoqui el cap o que em giri d'esquena quan el trobi? ¿O és que porto escrit als ulls: «Tomàs, aquesta nit, mentre tu treballaves, he dormit amb la teva dona»?

—Ell ho endevina tot. Et mira, et mira... —va contestar la dona amb les paraules trencades per les arrels de l'angoixa que li assecaven la gola—. Et mira... És com si et clavés agulles i t'arribés als ossos...

—Au, no diguis més bogeries.

—¿I si algú t'ha vist quan entraves? ¿Has mirat bé pel carrer?

—Qui vols que hi hagués en aquelles hores! Tothom era gitat.

—Potser un veí... La Carmeta, que es passa el temps guaitant pel finestró com una bruixa.

—No anomenis les bruixes! Això porta desgràcia. ¿No saps que et poden fer un encantament? No els cal més que obrir el llibre, llegir les oracions, per fer venir el dimoni, i les carns se't comencen a consumir o se't mor el fill gran, et deixen roba a la porta... Diuen que, de vegades, et queda el ventre mort i no pots anar mai més amb una dona...

—¿I si li ho diuen?

—Se'n guardaran com de caure al riu. Li tenen tots massa por.

—No sé com, però ho sabrà. Ens matarà, Alexandre...!

Es va fer un gran silenci, tacat de nyagols llunyans. Van passar els minuts, lents. El darrer gos va callar. Res no es movia. Va ser llavors quan Alexandre va sentir-lo per primera vegada.

—¿Escoltes...?

Ara va arribar més fort i féu vibrar l'espill de la calaixera. Alexandre es va quedar immòbil; una gelor de mort li cremava l'esquena. Hauria conegut aquell soroll entre mil i tanmateix no podia creure que fos veritat. El renill es va sentir per tercera vegada.

—Elvira...

—¿Què?

—És el Negre.

—Impossible...

Del carrer va pujar soroll d'unglots contra l'empedrat. La dona, tremolant, s'agafà al coll de l'home. Tres cops a la porta. Tot seguit un trotar cada vegada més fluix.

—Era l'ànima del Negre que ens ha vingut a avisar...

I la mina va tornar al cervell d'Alexandre, amb la llum d'aquella tarda de feia més de deu anys...

—Enrere, dic!

La veu de l'home anava forta de ràbia. Tanmateix el matxo no es movia. Amb les quatre potes ertes, clavades a la terra que el carbó endolava amb pellams de nit, cap alt, ulls esverats, no feia una passa en direcció als vagons aturats a la via que s'embotia dins de la mina.

—Tira enrere!

El miner es va ajocar —la suor espessa, que regalimava del pelatge de l'animal com la mel de la bresca, va mullar-li la galta; agafà una pota del matxo i provà d'aixecar-la. El Negre es va tibar, l'home sentí l'esbategar violent del cor de la bèstia.

—¿Què hi ha, Tomàs?

—Res, que aquest dimoni deu voler que m'enganxi jo als vagons.

I Tomàs d'Atura es va dreçar, tot clavant punyada al costellam del Negre.

—Està espantat. Deixa'l tranquil una estona i li passarà —digué l'Alexandre.

—Ha d'entrar ara, així li hagi d'arrencar la pell. De mi no se'n fot ningú, i menys un matxo.

Alexandre no va contestar; amb Tomàs no hi havia res a fer. Va deixar a terra el pic i el llum de carbur i es posà a fer el cigarret.

—Enrere!

En sentir la puntada de peu al ventre, el Negre, bruscament, ajocà el cap i disparà una potada. Amb un bram, Tomàs d'Atura va anar a caure contra els vagons buits.

—Tomàs! —va cridar Alexandre.

—Deixa'm; no em toquis...!

Premia les dents Tomàs, i s'aixecava entre renecs. La sang li sortia a galls de l'ull esquerre i s'ennegria —per la galta, el coll, la samarreta— de pols de carbó suat.

—Matxo malparit!

En un carreró sense nom, el gos somnàmbul tornà a emprendre el nyagol, llarg.

—Tres cops a la porta... senyal de mort!

—No podia ser el Negre, és impossible.

—Tu mateix ho has dit...

—Estava nerviós. Devia ser algun bagatge que ha fugit de la quadra. Jo mateix vaig veure... ¿Per què no para de nyagolar aquest gos maleït?

—Ens matarà, Alexandre...

—Prou! —l'home va saltar del llit. La frescor de les rajoles als peus nus li va asserenar el cap. Començà a vestir-se.

—¿I si era el Negre?...

—No hi pensis més, dona. ¿On he deixat la petaca? No m'hi veig.

Elvira es va aixecar.

Tres cops a la porta... Nervis. Alexandre es va posar la camisa. Tanmateix el renill... La tarda de la mina va tornar-li al cervell i se li va fer un nus a la gola. No encertava els traus amb els botons.

El crit el va esverar.

—¿Què et passa? ¿Vols despertar mig poble?

—La calaixera, Alexandre! La calaixera!

La dona se li agafà al coll. Va sentir-li el tremolar, la suor forta de la por.

—¿Què dius?

—La calaixera!

L'home va allargar el braç, va tocar el marbre fred de damunt del moble, el gerro amb flors de paper que sorollaren lleument, el despertador parat i, a la fi, els seus dits van tossar amb una cosa ovalada. La va palpar. De sobte va comprendre i enretirà la mà amb repugnància. Damunt del marbre va quedar bambolejant l'ull de vidre de Tomàs d'Atura.

—Ens ha vist, ens ha vist —gemegava la dona.

—¿Qui?

—L'ull...

—Ets boja.

—Estem perduts, Alexandre!

—Ja n'hi ha prou, d'aquest color! Un ull de vidre

no pot veure res. És com un ull mort. ¿Ho entens?

—Aquest no és com els altres. Ho veu tot... —Mentre parlava, Elvira sentia al clatell el mirar fix d'aquell ull —més blau que el dret— que el seu home s'havia comprat després que el Negre li havia arrencat el bo d'una potada.

—Ens matarà, Alexandre. L'ha deixat aquí per vigilar-me i, quan torni de la mina, només en posar-se'l, veurà tot el que hem fet aquesta nit, perquè l'ull ho guarda a dintre. Està embruixat...

—Calla!

—El dia que el va comprar vaig trobar sal a l'escala.

—¿Sal a l'escala, dius?

Alexandre, amb les ungles clavades a la fusta del llit, va sentir que es quedava sense sang mentre que, humida de salives fredes, li pujava pel clatell la llepada de la por.

—Era el Negre.

—Matxo malparit!

Tomàs va agafar el pic d'Alexandre; l'aixecà i el deixà caure com un llampec. El Negre es va plegar bruscament amb el ferro clavat al mig del front i espeternegava per terra, per la terra que el carbó cobreix amb una nit que mai no acaba d'anar-se'n.

Cristòfol de Tastaboires —escombriaire en bo, polit per vents i pluges i esmolades—, assegut a la barra del seu carro, atapeïa el tabac amb el dit gros dins de la cassoleta de la pipa. Va encendre i mentre fumava es mirà llargament el poble encara silenciós. Les foscors de la nit s'esbargien com fums per les negres teulades.

—Ara són dins de la capsa. ¿M'escoltes, Adolorida?

La mula, enganxada al carro, endevinant que allò anava per ella, posà les orelles dretes. Era una bona veu, la de Cristòfol, plena de sorolls de riu, d'antigues sabes.

—Com les fitxes d'escacs abans de la partida i, així, a les fosques, no saps quines són les blanques ni quines són les negres. Tanmateix, ja eixiran, ja eixiran —no els queda altre remei!— i podrem veure el joc.

—Bon dia, Tastaboires.

—Bon dia, Moisès! Aquest que ens ha saludat, Adolorida, és Moisès, el vigilant. Quin home més trempat! Se li veu que és d'esquerres! Segur que no m'has entès... Només et diré, però, que si jo no fos d'esquerres no em veuria d'escombriaire i tu no sé on pararies. No m'hauria fet falta una mula i no t'hauria comprat per ajudar-me quan aquell heretge d'amo que tenies —que no es mereixia una mula com tu— t'anava a vendre als gitanos. Ja veus que, de la política, ni les mules no se n'escapen... I ara tornem a la nostra. Mira, quan comenci el joc, nosaltres quiets i a mirar. El més segur és que l'alcalde farà de rei, el capellà de reina; de torre, la dona de l'alcalde. No, de torre no; millor de cavall, que diuen que, això del salt, ho fa d'allò més bé... I tots els altres —Belisari el pastisser, Antoniet el paleta, Ladislau el calafat...— faran de peons. Fixa-t'hi, ja han obert la capsa...

Una darrere l'altra, s'anaven obrint les portes; la

nova llum entrava per les cases com una boirada groga. L'home, la dona que eixien encara eren carcasses atapeïdes de somnis a mig somiar, d'ombres verdoses, foscors humides, suors i arrels trencades, que miraven el dia amb estupor, i a molts se'ls endevinava el renec aturat al garganxó.

—Mira-te'ls, Adolorida... Porten les butxaques plenes d'il·lusions cobertes de teranyines, d'esperances secretes, de records, de fe, de pols i de cendres. El fàstic, però, és el que més abunda. I la por. En aquesta hora el coix coixeja més, el guerxo encara no hi veu ni de l'ull bo. ¿Veus aquell que surt ara del perxis pel cantó del cafè de Bartomeu? Mira-te'l bé; està esverat. Potser ha tingut un somni massa feliç i, ara, de matinada, es troba sense remei encarat de nou a les seves amargors. No ha sabut pair el somni, i és que fins i tot per somiar se n'ha de saber. No cridarà, no; no farà res, pobre caloi! Ningú no li ha dit que sí, que hi ha alguna cosa a fer... Li ho haurem de dir tu i jo, Adolorida... Mira-te'l com se'n va, amb l'espinada partida, cap a la seva mort quotidiana... Ara es preparen per al joc. Cadascú, a poc a poc, va reconstruint la carota habitual, però nosaltres endevinarem, com cada dia, el que s'hi amaga davall. A la feina!

Emblanquinaven el cel de juliol amb una calç lluminosa. Els venedors, sorollosos, a l'ombra fresca dels perxis de la plaça, muntaven les parades.

Ja no hi era, i tanmateix a l'Elvira li semblava veure'l a cada moment. Surava en l'aire mort de les raconades fosques, la seguia pel silenci de la casa, la guaitava pel forat del fumeral, de l'interior de l'armari, pel trau de la camisa penjada a la cadira de la cuina, pels forrellats de les portes... Li sentia créixer arrels buscant afanyosament la conca buida de l'amo, el blanc camí del nervi palpitant, segat per la ferradura del Negre, per arribar-li al cervell i donar-li el verí que havia estat xuclant aquella nit damunt la calaixera.

—Ja no hi és, ja no hi és —es repetia. En travessar, però, el passadís a les fosques, se'l va trobar davant, lluent, esgarrifós, enganxat a la paret.

—Fora, fora —va cridar, trastocada.

No se n'anava, però. I creixia, creixia i el globus lluïa, blanc...

—T'esclafaré!

Les mans de la dona van aferrar una cadira.

En caure a terra, amb l'esfera feta miques, el rellotge de pèndol va tocar hores desconegudes, com d'un altre temps...

Impacient, Tastaboires va calar foc al munt d'escombraries. Els fums es desmaiaven per l'aire lluminós i esbargien les mosques apegaloses de l'estiu. Allí es cremava la vulgaritat quotidiana, i tanmateix entendridora, de la major part dels habitants del poble —la peladussa de patata que gairebé clarejava a força d'arranada, el paper vell, la llauna buida, la granera calba, el diari endarrerit ple de notícies mortes. Tastaboires, el mateix que cada dia, es va sentir un pèl trist.

—Algun dia, Adolorida —no sé quan—, potser això canviarà... Sento la pudor de mort i veig la trampa parada. Tanmateix, aquesta espurneta que porto dins, sempre encesa a desgrat d'aquesta tristor que em rosega l'ànima... No demanaria gaire. No sóc de la fusta amb què fan els sants, i em cou als ulls el fum de l'encenser. En tindria prou amb el pa, el vi i una cançó. ¿Que no ho veus? Llavors el món serà bonic com una noia; Ladislau el calafat tindrà tot el temps que vulgui per fer el submarí de fusta que somia, el vell del Llarg es podrà fumar unes caliquenyes de quatre pams... Tanmateix, fins que això no arribi hem de fer la nostra feina.

I Tastaboires, seguit per la seva mula, se'n va anar cap als muntets d'escombraries que havia separat curosament en buidar dins del carro les galledes que les dones deixaven a les portes de les cases.

—Fixa-t'hi bé. Aquí hi ha la clau per endevinar les jugades de què parlava abans. A veure què trobem. Aquestes són les escombraries de la gent interessant. Mirarem primer les de ca Pons.

Tastaboires va remoure el muntet. Descolorida, bruta, una fotografia va eixir d'entre papers arrugats amb taques d'oli. L'escombriaire va fer una ganyota.

—Adolorida, ¿et recordes d'aquell enterrament que vam veure divendres passat? Quantes corones, quanta tristor i quin plorar els del dol! Mira, aquesta de la fotografia és la morta. Ja llencen la seva imatge a les escombraries i ella encara està calenta... Més val no pensar-hi. A veure què hi ha al muntet del jutge. Malament... ¿Veus aquestes ampolles d'injeccions? Al jutge li torna a fer mal el fetge. Aquest matí, per qualsevol bestiesa, clavarà una bronca al Pere, l'agutzil.

Pobre noi! Avui ens deixarem caure per l'ajuntament i ens l'emportarem a fer un cafè. Cal fer alguna cosa per a alegrar-li el dia... Mira, mira, li van bé les coses, al rondinaire de Belisari... Fixa't, quines peladusses de patata tan gruixudes...

Van ressonar les barrinades per les galeries. S'aturà la porgadora. Escoltaves el rodar dels darrers vagons. Veies eixir els miners amb el cansament als ossos, carregats amb pics i pales i carburs, d'aquella fosca tràquea d'on semblava que t'arribés un baf de sang, gorgolls d'aigües perdudes i el gemec de la terra llepant-se les ferides.

Migdia de dissabte. Allà dins es quedaven —arran del pa i del vi de la quinzena següent— la glapa que el dilluns havia d'enfonsar les costelles a Cosme Santapau, l'espurneta de pedra que tres setmanes després es clavaria a l'ull dret de Toni Sansa, les boires minerals de la silicosi, la humitat que acabaria de cruixir al vell Ventura.

—Alexandre!

La veu li va ressonar al ventre com un cop de fuet. Fent com un que no se n'adonava, agafà el sac ple de carbó, se'l carregà d'un cop i va emprendre el camí del poble.

—Alexandre!

Gairebé va cridar quan l'altre, després d'una correguda, li va donar un copet al braç.

—¿On vas tan de pressa? T'he cridat dues vegades! Només em faltava aquesta correguda després d'haver treballat tota la nit i tot el matí sense parar. Treballar...! Sempre el mateix. Un dia calaré foc a tot —i Tomàs d'Atura deixà anar un renec—. ¿Quina fumarrina és aquesta?

—Deu ser Tastaboires, que crema les escombraries.

—Quina pesta! Aquest ens vol ofegar... Em sembla que ens fa senya... Anem a veure què vol...

Van eixir del camí. L'escombriaire, assegut damunt del carro, se'ls mirava.

—Bon dia, Tastaboires. ¿Què hi ha de nou?

—Això deu ser teu —va dir l'escombriaire obrint la mà.

—I ara! ¿On l'has trobat?

—A les escombraries. La teva dona, sense adonar-se'n...

—¿Sense adonar-se'n?

—¿Què vols dir?

—Res, res. Jo ja m'ho sé. Bé, moltes gràcies.

I Tomàs d'Atura, després de donar-li una esbregada a la màniga, es posà l'ull de vidre a la conca buida.

—Bé, me'n vaig. Vull acabar aviat —va dir Tastaboires—. ¿Que no et trobes bé, Alexandre? Et veig tot groc...

El xerric de la porta del carrer va querar el silenci de la casa. Elvira s'esgarrifà, se li'n va anar la força de les cames.

—«¿L'ull? —li diré—. No sé... No l'he vist...»

Va sorollar la rajola del tercer graó. S'anaven endevinant les camallades. Les mans de la dona es van agafar nerviosament al cantó de la taula. L'home pujava lentament. Quart graó. Cinquè graó.

—El deus haver perdut a la mina... «No és veritat», em dirà...

Sisè graó.

—Se'm quedarà mirant: «Saps tan bé com jo que aquesta nit era damunt la calaixera...». Tanmateix no el trobarà, no ho sabrà mai...

Es va obrir a poc a poc la porta de la cuina...

CONTE DEL VELL TRAMVIAIRE

—Au —va dir amargament el vell Atanasi, fent fer mitja volta a la maneta.

Una estropada forta va sacsejar el tramvia. Van gemegar les juntes de la carcassa, van tremolar els vidres de les finestretes i l'antiga baluerna pintada de verd clar va sortir lentament de les cotxeres.

Tot just volia clarejar, la ciutat encara dormia. Des del seu lloc de conductor, el tramviaire Atanasi destriava siluetes de cases, d'arbres, de figures fugisseres, mig esborrades per la boira arraulida als carrers. Sovint, algun fanal des de la voravia donava una ullada a l'interior del vehicle i el tintava vagament de blau. El cobrador Adrià, amb la gorra de plat tapant-li el nas, el coll de l'abric alçat fins a les orelles vermelles, dormisquejava arrupit en un seient.

Al cap d'un quart, el tramvia va arribar a l'encreuament de vies del qual arrencava la línia de circumval·lació.

—Adrià —va cridar el conductor.

—¿Què vols? —va remugar l'altre, després d'una estona.

—Apa! Espavila't, que ja hi som!

—Un altre cop a la feina... Estic fastiguejat. En tinc fins al clatell, de tramvies, d'inspectors, de la gent i del que va matricular-ho tot plegat. Sort que avui ja és el darrer dia, si no... Quaranta anys esperant-lo! Ja era hora, punyeta! —va badallar el cobrador mentre s'acostava al vell Atanasi—. Coi, quin fred! ¿Tens tabac? Jo me l'he deixat a casa.

«Sempre te'l deixes a casa! El que passa és que no en compres!», li hauria contestat Atanasi qualsevol altre dia. Però aquell matí va allargar-li el paquet sense dir paraula.

—¿T'adones del que vull dir? Demà dormiré fins a l'hora que em donarà la reial gana! —va continuar Adrià, després d'encendre un cigarret i deixar anar una glopada de fum—. Com fan els rics, que, en aquestes hores, fan mitja volta dins el llit ben calentet, mentre nosaltres ens pelem de fred. Noi, quina vida m'espera! Amb això no vull dir que el sou de la jubilació doni per a gaire, no. Mira-ho com vulguis, és una estafa. Al cap de quaranta anys de pencar! Però no hi ha altra solució. Per aquí o per la porta! Sort que la meva dona encara guanya alguna pesseta fent feines per les cases! Atanasi! Ei, Atanasi!

—¿Què passa?

—Coi, home! Fas una cara com un tello! M'apostaria l'orella esquerra que, ara, ni m'escoltaves. Des del dia que ens van dir que avui ens jubilaven, vas fet una ferrolla. No fas altre que remugar i fer mala cara. Potser no n'hi ha per a tant! Fixa't en mi. ¿Què penses? ¿Que deixar de treballar no em fa una cosa per dins, també? ¿Que no em dol? Doncs, l'espifies, de mig a mig! També trobaré a faltar tot això. Ja ho crec! Tot aquest temps deixa rastre, vulguis o no... El que passa és que jo m'ho prenc d'una altra manera. Tu, en canvi, en fas un gra massa. ¿Ha arribat l'hora de la jubilació? Benvinguda! Si per mi hagués estat, me l'haurien donada abans de començar a treballar... Les coses van així. ¿Què vols fer-hi? ¿Amargar-te la vida? No val la pena i, a més, ja te l'amarguen prou els altres. No cal que posis encara llenya al foc pel teu compte...

El tramvia va arribar a la primera parada. Abans d'anar a ocupar el seu lloc, Adrià va donar un cop a l'espatlla del seu company.

—El món no s'acaba aquí, Atanasi! Encara tenim molts anys per endavant... Fes-me el favor de no amoïnar-te!

Va pujar una colla d'obrers, balbs de fred, que van arraulir-se, en silenci, als seients. Adrià va tocar la campaneta i el tramvia va arrencar de nou. A fora, esbargia la boira i, per la banda de mar, creixien clarors rosades.

—Vell! Diuen que sóc vell! —rumiava Atanasi mentre conduïa—. Res, tenen aquesta idea embotida al clatell i no hi ha manera de treure'ls d'aquí. Ells són els vells! Més que l'anar a peu. Tots plegats, un sac d'ossos! Es veu que no sabien com dir-m'ho i tot era buscar-me la volta: «Atanasi, ¿no us resulta pesada la feina, a la vostra edat? ¿Voleu dir que no us convindria descansar una temporada?». I fot-li! No aturaven. Com si els donessin corda! I jo vinga rumiar, trencar-me la closca per esbrinar de què anava! Però se'm va fer un nus al cervell i no vaig treure'n l'aigua clara. Fins que un dia em diuen que ja és hora de jubilar-me. Em vaig quedar sense sang. Si en aquells instants em sagnen no me'n treuen ni gota. «Ja teniu molts anys, Atanasi. Un dia o altre havíeu de prendre el retir...» Molts anys! Què més voldrien ells! Encara sóc tan bon tramviaire com el millor! Vell... Potser es pensen que he d'empassar-me aquesta mentida! Es deuen creure que jo vinc de l'horta! Els tinc ben clissats, aquests individus. Vell. Punyetes! El que passa és que faig nosa!

Trontollava el tramvia amb terrabastall de ferros. El sol lleganyós del matí hivernal començava a llepar l'empedrat dels carrers, sobre els quals la boira havia deixat una bava llefiscosa i bruta.

—Nosa, nosa! Així mateix! S'ho porten molt d'amagat, però jo sé les seves intencions. Volen ficar autobusos, i aquí hi ha la clau de la qüestió. Es veu que no gosaven fer-ho mentre jo treballés a l'empresa... Autobusos! Ferrolla, invents del dimoni! On hi hagi un bon tramvia, com ara el meu, no hi tenen res a rascar tots els autobusos del món. A més, si anem a les males, nosaltres hi érem primer. Tanmateix, aquests galifardeus que hi ha ara a l'empresa i que es pensen que tot el món és d'ells, no paren de burxar: autobusos, autobusos! Però es veu que van adonar-se que, amb mi, havien tocat os. Segur que van cavil·lar i es van dir: «Amb el geni que té Atanasi, qualsevol li diu que anem a treure els tramvies! Ens deixarà, tants com som, com un drap brut! ¿Què podríem fer?». Em coneixen. Saben que no tinc pèls a la llengua i que li poso el braç dintre la màniga al mateix bisbe, si convé. Sóc un tros de pa, però hi ha coses que em fan pujar a les més altes! I quan estic així... ull viu! «Ja està —van pensar—. El jubilem i després farem la nostra.» I, au, pensat i fet: es treuen de la butxaca això de la jubilació i em llencen al carrer com una andròmina... No saben el que es fan... Van de cap a la catàstrofe, a l'apocalipsi!

Va frenar davant un semàfor. La gent començava a omplir els carrers. Les boques del metro engolien riades d'homes i dones, de ganyota agra i trista, perbocades més tard, en qualsevol altre indret, després d'un viatge intestinal per les entranyes de la ciutat.

Feliç, Adrià va començar a xiular un vals.

«A ell, com si res. Tant li fa —va pensar Atanasi, en sentir-lo—. Sempre ha estat un poca-pena.»

El semàfor va canviar de vermell a verd. En el moment de l'arrencada, al vell conductor se li va acudir que també jubilarien el seu tramvia.

—El vendran als drapaires —es va dir, angoixat.

Va imaginar el tramvia en un d'aquells grans cementiris d'automòbils, perdut entre un immens escampall de vehicles deixats per ferro vell, als quals esperava l'esquarterament, i aquesta idea el va entristir encara més. Des del dia que l'havien fet conductor havia portat aquell tramvia —el seu tramvia. Aleshores, el tramvia era nou, Atanasi jove. Ara, tots dos eren vells. L'espinada d'Atanasi es doblegava cada dia més, el tramvia ja tan sols era un gemegar d'engranatges fatigats i fustes repintades, tan corcades per dintre com les dents del tramviaire.

Tota la seva vida anava unida amb aquella plataforma davantera del vehicle, amb el fre, el mirall retrovisor, la maneta, els petits rètols de llautó que prohibien inútilment parlar amb el conductor, escopinar a terra, fumar, treure el cap per la finestra i baixar o pujar en marxa; amb el petit anunci que aconsellava l'ús d'unes pastilles per a la tos, que feia vint anys que havien deixat de ser fabricades... Àdhuc el festeig d'Atanasi i la Sílvia anava lligat amb el tramvia.

El nom de la dona va fer retrocedir el vell Atanasi quaranta anys enrere. Era diumenge, i ella, la Sílvia, tota mudada, esperava, igual que de costum, a la parada del mercat de Sant Antoni. En arribar el tramvia, la Sílvia pujava i seia prop d'Atanasi per veure'l conduir. Així donaven voltes tot el matí per la línia de circumval·lació, gairebé sols, perquè els dies de festa els passatgers eren escassos. Tanmateix, cada cop que el tramvia arribava al final del trajecte, la Sílvia baixava per una porta, tornava a pujar per l'altra i pagava el bitllet corresponent. Atanasi no hauria tolerat mai que algú estafés l'empresa. Quan rellevaven el conductor, anaven a dinar plegats i després a fer l'amor. L'idil·li va durar dos anys, al cap dels quals van casar-se. La Sílvia no va esperar-lo mai més a la parada del mercat. De dia en dia s'havia anat tornant feréstega i no feia altra cosa que rondinar tothora.

—Atanasi! —va sentir com el cridava el cobrador—. Ja li tenim el peu al coll. D'aquí a una hora i mitja ens vindran a rellevar!

—Una hora i mitja! —es va esgarrifar—. No pot ser! Deu faltar més... Si tot just acaben d'enganxar!

Va mirar el rellotge. Dos quarts de dotze.

—Potser, avui, per ser el darrer dia, ens deixaran fer alguna volta més... —es va dir, sense convicció—. Però vindran. Sí, vindran a prendre'm el lloc! Tantes vegades com han arribat a dir-me: «No sé què faríem si tu plegaves, Atanasi. Treballadors de la teva empenta són els que fan pujar una empresa. No t'ho podrem pagar mai...». Aquest és el pagament! Arraconar-me. Fer-me estelles l'ànima! Això em passa per haver estat un home com cal! Si hagués estat un malparit tot hauria anat d'una altra manera... Mare meva! Què faré demà al matí? Arribarà l'hora que cada dia, durant quaranta anys, m'he llevat per anar a la feina... Em tornaré boig... Se'm trastocarà el cervell, el mateix que al meu cosí Peris, que, d'ençà que van jubilar-lo de paleta, es passa el dia als llocs on fan obres, mort de pena...

—Atanasi! Coi! ¿Què fas, Atanasi?

El crit d'Adrià el féu adonar-se que havia passat de llarg una parada. Va frenar bruscament i els viatgers van ser projectats endavant.

—Ja podrien parar més compte! —va esquellejar amb veu agra una senyora, corejada per un furiós batibull de planys i paraules gruixudes.

—Animal!

—Mala bèstia!

—Aquest país és una porqueria! —va generalitzar algú de la concurrència, en to de transcendència.

—A França, això no passa! —es va escanyar un cosmopolita refredat, entre dos cops de tos.

—I ell més pinxo que un ministre...

—Igual que si sentís ploure!

—Quina barra!

L'aldarull es va extingir aviat. El tramvia va arrencar de nou i cada parada —Universitat, carrer de Muntaner, Ronda de Sant Antoni— era una fita per covar l'amargor d'aquell camí pel qual el vell Atanasi avançava, irremeiablement, cap a la una del migdia.

Just quan somiava que era a punt de seduir una veïna —una pèl-de-panolla de pitram abundós i poderoses anques— el timbre del telèfon va esverar Palau, inspector de la línia de circumval·lació.

—Digui'm! —va remugar amb una veu agra, en despenjar l'aparell.

—¿El senyor inspector?

—Jo mateix.

—Sóc Adrià, senyor inspector. El cobrador del cotxe 64.

—¿Ha passat alguna cosa?

—Sí senyor. I grossa!

—¿Un accident?

—No senyor. Es tracta d'Atanasi...

—Acabeu!

—Ha fugit amb el tramvia...

—¿Què?

—Això, senyor inspector. Que Atanasi s'ha emportat el tramvia.

—¿Que s'ha tornat boig? I vós, cap de soca, ¿en què dimonis pensàveu que no heu sabut impedir-ho?

—No he pogut fer res, senyor inspector. Res de res... La cosa ha estat així: ja arribàvem a la parada de la Ciutadella; allí ens havien de rellevar. De sobte, vet aquí que el tramvia s'atura i Atanasi diu que el tramvia s'ha avariat, que el millor és que tothom baixi i s'espavili com pugui, perquè la cosa és greu i n'hi ha per estona. La gent ha començat a maleir, però, a la fi, el tramvia ha quedat buit. A mi, Atanasi em diu: «Baixa i telefona a l'inspector perquè vinguin a apariar el cotxe». No faig més que baixar, ell tanca les portetes, engega i fot el camp. Jo, que me n'adono, començo a córrer al costat del cotxe. «¿Què fas, Atanasi? —li crido—. Guaita que et perds!» Però ell feia el sord. «Atanasi, no siguis ruc!» Res, senyor inspector, res. Després ha guanyat velocitat i ha enfilat com un llamp cap al centre... Estava molt nerviós, pobre. Jo penso que, quan s'adoni del que ha fet, tornarà. És això de la jubilació...

—Deixeu-vos estar de punyetes, ara. Ja ho aclarirem després. ¿On calculeu que pot ser en aquests moments?

—Aneu a saber! Potser a Universitat...

—De tota manera no té escapatòria. Espereu-me a l'encreuament de la Ciutadella. Quan ell arribi, l'encarrilarem cap a cotxeres. Si abans no en fa una de grossa. La mare...!

Amb un xerric esgarrifós, el turisme va frenar bruscament a dos pams del tramvia que creuava el carrer, a tota marxa, sense fer cas del semàfor vermell. Una dona, esverada, va xisclar. El guàrdia urbà va tocar el xiulet.

—Malparit! Brètol! —udolava, blanc d'esglai, el

conductor del turisme, traient el cap per la finestreta—. Així et fessis miques!

La imatge del guàrdia urbà furiós minvava ràpidament al mirallet retrovisor del tramvia. Tanmateix, el vell Atanasi no s'havia adonat de res. Ajupit sobre la maneta, crispat, només feia que fitar amb ulls d'ànsia la via i repetir:

—He de fugir! Volen agafar-me, però no podran! Me n'aniré a un altre lloc, ben lluny d'aquí, on no vulguin arraconar-me i pugui fer sempre de tramviaire. Aquí us quedeu! Atanasi ja no farà més nosa! Se'n va, ¿ho enteneu? Se'n va! Us podeu confitar els vostres autobusos, els vostres semàfors, les vostres lleis! Tot! No sou més que una colla de desagraïts! Me'n vaig!

Tanmateix, les rodes del tramvia continuaven encarrilades a la via de sempre, la que el vell Atanasi havia recorregut dotzenes de vegades cada dia durant quaranta anys llargs; una via tancada, que es mossegava la cua, clavada a terra a cops de mall, de la qual no es podia eixir si no era per la desviació que feia cap a les cotxeres. A desgrat d'això, el tramviaire, obsessionat per la idea de fugir, continuava amb els ulls clavats als carrils buscant una sortida.

—Ha de ser-hi! Ha de ser-hi! —s'obstinava—. Per força!

La lluentor dels rails, que reflectien el sol del migdia, li coïa a les parpelles. El tramvia rodava a tota marxa.

—Potser la trobaré més endavant —rumiava cada vegada que s'esvaïa el miratge d'una desviació.

Més endavant, però, la via era igual. Sense escapatòria.

—En fer la volta en aquesta cantonada! Segur! Ha de ser-hi! —va cridar desesperadament.

No hi era.

El tramvia va enfilar el carrer que conduïa al mercat de Sant Antoni. De sobte, en arribar-hi, el vell Atanasi va fer uns ulls com coves, alhora que una immensa sensació de pau li aquietava la sang. Va frenar molt suaument...

—¿Encara no ve? —va preguntar Palau, nerviós.

—No, senyor inspector; no se'n veu ni rastre —va respondre Adrià, el qual, des de l'encreuament, guaitava la via, preparat per canviar agulles i desviar el tramvia del vell Atanasi cap a cotxeres.

—¿Quina en deu haver fet?

—No us capfiqueu, senyor inspector. Segur que, a hores d'ara, Atanasi ja s'ho ha repensat i deu estar avergonyit de la seva acció. És molt bona persona, però, com us deia abans, la jubilació ha estat per a ell com una maçolada. Ja veureu com d'aquí a no res el tenim aquí amb el cap cot.

El tramvia es va parar i, de primer moment, el vell Atanasi no encertava el botó per obrir les portes. A la fi, el va trobar. Enganxat a una bufada d'aire fred, l'aldarull del mercat es va endinsar en el vehicle i el va omplir de crits de venedors, de rodar de carretons, de remor de tràfec. Però el tramviaire no se n'adonava. Només tenia ulls per a la figura que, dempeus a la vorera, el mirava a través de l'obertura de la porteta. Així van estar un moment. Després la Sílvia —era ella— va pujar al tramvia. Anava tota mudada i, fins i tot, s'havia posat una mica de color a les galtes. No es van dir res. La dona va anar a la tauleta del cobrador. De cua d'ull, el vell Atanasi la va veure com deixava una moneda i ella mateixa, en no trobar el cobrador, prenia el canvi junt amb el bitllet.

—Se n'ha recordat! Després de tant temps —es va dir el tramviaire, que sentia com un nus a la gola.

De sobte, tot era diferent. Ja no se sentia sol ni frustrat. Al món hi havia alguna altra cosa, fora del tramvia i la línia de circumval·lació. Ara ja no calia fugir. Al cap de quaranta anys, la Sílvia era una altra vegada al seu costat i amb allò li bastava. Farien junts la darrera volta, sense amargor ni estridències. Tot era igual que un diumenge d'abans, però ablanit pel temps, el mateix que un vi vell. Les mirades d'ambdós van trobar-se a l'espill retrovisor.

—Guaita quin goig que fa, avui... Més que mai! —es va dir el tramviaire, estarrufat—. Al carrer tothom es devia girar per mirar-la!

Va tancar les portetes; el silenci que es va fer dins el vehicle va accentuar la presència de la dona, que no deixava de mirar-lo amb ulls lluents, un pèl tristos. El tramviaire es va sentir bategar la sang amb força, cada vegada amb més força.

—I diuen que sóc vell... Punyetes!

Va fer mitja volta a la maneta.

—Au!

Lentament, el vell tramvia va començar a rodar...

NIT D'AMOR DEL COIX SILVERI

El poble patia, des de feia molts anys, d'una mala ferida. Gent forastera, arribada de tot arreu, construïa una presa per tallar el riu; volien dominar-lo, lligar-lo per fer electricitat, i l'aigua de l'embassament havia de colgar el poble i l'enterraria per sempre més. Van ser uns temps molt durs, esgarrifosos, maleïts. Ningú no pensava en la gent que havia de quedar-se sense casa, sense saber on anar ni què fer. Mentre la presa creixia sense parar, nit i dia, tot un poble angoixat lluitava a la desesperada per poder sobreviure. A la fi va ser aconseguit allò que tothom volia. Una nit, els homes van ser convocats a reunió i se'ls va fer saber que en el termini de dos anys —els que calien per acabar la presa—, seria construït un poble nou, i que, arribat el moment d'abandonar el vell, pagarien a cadascú tot allò que l'aigua s'engolís. A més a més, els caps de casa cobrarien, com a indemnització, cinquanta mil pessetes per cada membre de la família.

En aquell mateix moment, el poble va revifar, la gent, esgotada, seca, va retrobar la il·lusió i l'alegria —entreviades tanmateix d'una certa tristor—; van començar els somnis, les esperances, els projectes, i va començar també la nit d'amor del coix Silveri...

—Qui m'havia de dir que em donarien cinquanta mil pessetes per aquesta pelleringa del vell Basili! —caboriejava el coix Silveri mentre pujava pel carreró de la Cresta, camí de casa seva—. Cinquanta mil pessetes!

Es va aturar un moment a mig carreró. La xifra l'enlluernava, encisadora.

—Cinquanta bitllets dels grossos!

Tres portes més amunt, el gos de can Nicasi, lligat a la roda del carro, va bordar amb ràbia i va esgaiar el silenci nocturn; un gat esfereït es va esmunyir arran de paret per la cantonada de la botiga de Pons. Silveri, capficat, va continuar la pujada.

—I jo, que no volia altre sinó que el vell rebentés com més aviat millor. Ara resulta que me'n donen un dineral! Un dineral per un carnús de més de setanta anys que no pot ni moure's! D'això se'n diu un bon negoci... Mai no saps per on t'ha de venir la sort, diuen, i és una bona veritat! Mira per on, el vell val una fortuna. Però, cony!, ara que hi penso, també haurien pogut fer això quan la sogra encara era viva! Ara serien cinquanta mil peles més! Tanmateix la bruixa es va morir a temps, per fer-me l'arquet. I diria que a propòsit, si no fos que aleshores ningú, ni ella que semblava ensumar-ho tot, no sabia el que havia de passar. Redéu! És que li ha anat ben prim! Si encara deu estar calenta... Malaguanyada vella! I com deu riure, la bruixa, ensenyant les genives esdentegades, si ara em pot veure. «No cobraràs els meus ossos, Silveriet!», deu pensar. De tota manera, encara en trauré un bon pessic: cinquanta mil del vell, cinquanta mil per la meva dona, cinquanta mil per cadascún dels tres nois i cinquanta mil de mi mateix. Això fan... A veure...

Silveri es va parar i va fer comptes lentament, amb els dits:

—Cent mil... dues-centes mil... Tres-centes mil pessetes!

Es va quedar embadalit. Tres-centes mil pessetes! Això volia dir moltes quinzenes de treball a la mina, centenars de dies al ras palejant carbó, milers d'hores d'engolir pols de lignit, i d'escopir-lo. I ara li arribarien tots aquells diners de cop, sense haver d'esllomar-se per guanyar-los, com un miracle...

—El primer que faré, en cobrar-les, serà comprar una televisió, més grossa i més bonica que la de la meva cunyada! Així no haurem d'anar sempre seguit a casa d'ella a veure les pel·lícules, el mateix que si anéssim a demanar caritat! A més, ja n'estic fart que sempre doni a entendre a la meva dona que el seu marit és encarregat de la mina i jo només un peó de mala mort, que ell guanya un bon sou, que nosaltres no tenim mai un ral i que ni la casa on vivim és nostra. És que la sang se'm fa agra només de veure-la! L'escanyaria! Si jo hagués pogut anar a estudi com el seu home ja en parlaríem, però no he tingut altre déu que pencar des que vaig néixer...! Ah, però ara les coses canviaran! Ells, que viuen sols, només cobraran cent mil pessetes... Això els courà! A veure si la ràbia els rebenta el fel! Tanmateix, encara em queden dos anys de rosegar-me els punys!

La gossa Flor, que l'havia sentit arribar des de la porta de casa, va eixir a rebre'l i li va fregar les cames.

—Passa fora!

Li va engegar una puntada de peu, i l'animal, adolorit, va fugir entre nyagols.

—Dos anys és molt temps. Molt! I el vell no està gaire catòlic, sobretot des que vam enterrar la vella. Es passa el dia assegut a la cadira, sense dir paraula, com si no tingués llengua! Mira que si arriba a morir-se fotrem una bona jugada: cinquanta mil peles al clatell! A més a més, aquesta tarda no feia altra cosa que tossir. He d'avisar el metge; que se'l miri i, si convé, que li doni la penicil·lina o el que calgui! Ha d'aguantar com sigui fins al dia que ja m'hauré embutxacat els diners... És clar que, això, no ho puc dir a la dona... A fi de comptes, el vell és el seu pare, i comprenc que li tingui voluntat... Dos anys! Avui l'haurien d'enfonsar, el poble!

Va entrar al pati de casa. El vell Basili dormia a l'habitació de la planta baixa que donava a l'entrada; Silveri s'hi va acostar i va parar l'orella: al cap d'una estona va sentir la tos tova del seu sogre i va moure el cap amb preocupació. Va estar a punt d'entrar, però s'ho va repensar i va emprendre escales amunt, cap al primer pis.

—Val més que no s'adoni que em preocupo massa per ell. Sap que mai no l'he pogut pair, i massa interès per part meva... Al capdavall, les cinquanta mil pessetes que cobraré per ell, a dreta llei són seves. I en pot fer el que vulgui. D'això, valdrà més que se n'encarregui la Joana, que és la seva filla...

De sobte es va aturar a mitja escala, trasbalsat per una idea que li havia passat pel cervell com un llampec. Agafat a la barana de fusta va cavil·lar una llarga estona.

—Com no hi he pensat abans! Aquesta serà una bona jugada...

I va acabar de pujar els graons que li faltaven, ranquejant d'aquella cama que les rodes d'un vagó carregat de carbó li havien desgraciat dotze anys enrere...

Dins l'habitació a les fosques, la dona ajaguda al costat d'ell, damunt el llit, l'escoltava.

—En poques paraules —va acabar Silveri—. El dia que marxarem del poble ens donaran cinquanta mil pessetes per persona. ¿M'entens? Cinquanta mil pessetes! És a dir, que a nosaltres, que som sis a casa, ens en pertoquen tres-centes mil.

Va callar. A les fosques endevinava la cara de la dona, la seva expressió submisa i resignada de sempre.

—Això són molts diners, Joana. Podrem fer moltes coses. Pensa, pensa...!

Silveri va abaixar la veu:

—Però encara en podrem treure més... Això, no ho faran fins d'aquí a dos anys... ¿No m'entens, Joana? Fins d'aquí a dos anys...

La dona es va estremir quan la mà de Silveri va començar a buscar-li els pits.

—Ells han dit que pagarien aquests diners per cada membre de la família. És el tracte. En tot aquest temps que falta podríem tenir un altre fill... Pensa quin munt de diners...!

Va arromangar-li la camisa. La dona es va encongir; després, acovardida, sense força, va començar a plorar silenciosament.

—Seran cinquanta mil pessetes més, Joana... Cinquanta mil pessetes... —li repetia Silveri a l'orella.

RIADA

El riu havia començat a créixer a mitjanit, i a la clarejada, quan vaig despertar-me, ja el vaig sentir que roncava igual que un feram. Em va entrar un neguit que no em deixava aclucar l'ull. Aquell matí havíem d'emprendre viatge cap a Móra i el llaüt, amb una càrrega de vint tones de lignit, estava preparat al moll des de la tarda abans. Una hora més tard vaig sentir que la meva dona baixava del llit.

—Ha pujat molt —va dir-me després de donar una ullada al riu per la finestra—. ¿Vols dir que us aviareu?

Vaig remugar que no ho sabia, però qualsevol que conegués una mica l'oncle Gòdia, el nostre patró, podria assegurar sense espifiar-la que, encara que s'ajuntés el cel amb la terra, el vell soltaria amarres. No hi havia millor patró en tota la ribera i coneixia el riu més bé que Déu, però era més tossut que una mula. Jo ho sabia prou bé! Encara no m'afaitava —i els anys que vaig tardar— ja navegava de minyó en el seu llaüt. Au, ara riu avall amb el llaüt carregat de carbó! Ara riu amunt, amb farina, terrissa i sabó moll! L'oncle Gòdia venia de família de llaüters i s'havia criat per aquella ribera amb la gent de l'ofici; en aquell temps encara no eren utilitzades les bèsties per remolcar els llaüts riu amunt i els homes es deixaven la pell per les vores de l'Ebre a força d'estirar la sirga. Això feia que considerés els joves una «colla de collons de pega grega» amb la sang aigualida i cervell de granota. A mi, no sé per què, em tenia simpatia i es va entestar a fer-me un home de riu com cal; i a fe del dimoni que no em va quedar altre remei que ser-ho! A força de clatellades vaig aprendre l'ofici i a cada estossinada seguia la lliçó: «El riu, Manel —em deia entre altres coses—, és com ara un camí cobert, tot planet per damunt, però ple de trencacolls per sota i cal conèixer-lo pam a pam, perquè si bades et fotrà la càrrega, el llaüt i els ossos. Encara que sigui mascle, té més manyes que una dona». Ara, el vell és al clot i cada vegada que en parlo se'm fa un nus a la gola, però el matí d'aquella riada, l'hauria volgut ablanir a cops de rem!

La dona em va preparar la cistella amb el recapte i vaig baixar a poc a poc al moll. L'Ebre tenia el color de la terra i rosegava la vora igual que una bèstia fura. Els llaüts es gronxaven i les amarres, tibants, semblava que anaven a petar d'un moment a l'altre.

—Això encara anirà de pujada —comentava Sergi, un patró, enmig d'un grup de llaüters—. Es veu que per la banda de Saragossa fot uns aiguats de cosco!

—Les pluges de la tardor!

—Avui no podrem soltar-nos.

—Bé, farem festa!

«Festa en fareu vosaltres —pensava jo—, que a mi em tocarà pencar.»

A l'altra punta del poble, riu avall, l'aigua clara del

Segre, frenada pel corrent fangós de l'Ebre, feia torna i cobria gleres i mitjanes; els gatells i els xops semblava que suraven sobre una bassa.

«Tant de bo que ara no li doni al Segre també per créixer —vaig rumiar—. Aleshores sí que la fotríem bona!»

L'oncle Gòdia encara no havia baixat al moll, i jo, després de donar una ullada al llaüt, vaig anar a les quadres. Allí vaig trobar els altres dos peons. Segarra donava el pinso a la Baldada, la nostra mula; Moles, assegut en un sac de palla, feia una cigarreta. El bram del riu tenia inquietes les bèsties, que clavaven potades a terra i estiraven dels ramals.

—Quieta... Quieta...! —mormolava Segarra mentre fregava suaument els flancs de la Baldada.

—¿Voleu dir que farem viatge?

—La mare que ho va parir! —va deixar anar el Moles—. Malament rai! No tinc ni una gana ni mitja de trencar-me els ossos contra un pedret! Ja veus de quina manera baixa, el riu. Té, fuma.

Em va allargar tabac i paper i vaig seure a tocar d'ell. Aleshores vaig reparar en un embalum enorme que hi havia darrere la porta.

—¿Què és això?

—Un que ens farà companyia aquest viatge!

—¿Què vols dir?

—Ho van portar ahir, a última hora —va explicar Segarra—. És un Sant Crist d'un poble de per avall. Es veu que en treure'l en processó per la Quaresma el van escantellar contra la porta de l'església. Segurament anaven tots borratxos! El van enviar a Lleida per arreglar-lo. Ara de Lleida l'han dut aquí i ens l'han encolomat perquè el deixem a Móra. Allí l'aniran a recollir.

—A mi no em fa un pèl de gràcia —remugava el Moles—. Aquestes coses de missa m'esgarrifen més que les bruixes... Mai no se sap...

—Jo —va replicar Segarra—, del que tinc por és de la riada, que d'aquest...

—Tant de bo no ens aviem!

—De camí ho sabràs —vaig dir al Moles—. El vell ja és al moll. Aquesta que lladruca és la Lira.

Vaig eixir. L'oncle Gòdia, amb la cistella penjada al braç, més dret que un fus i amb les mans embotides a la faixa, fitava el riu en silenci. Cada vegada que el veia mirar l'aigua d'aquella manera, em feia l'efecte que el vell i el riu parlaven. Aleshores, la gossa Lira, quieta al costat de l'amo, parava de bordar i dreçava les orelles...

Al cap d'una estona, el vell va donar una ullada al cel amb negrors de tronada i em va cridar.

—Bon dia, oncle! ¿Com va?

—Prepara-ho tot. Anem a Móra.

No vaig gosar contradir-lo, però els llaüters de les altres mines van començar a fer tot de comentaris. A la fi, Pauet, un dels patrons més fins es va acostar al vell.

—Escolta'm, Gòdia —va deixar caure—. ¿Vols dir que ho has pensat bé? Mira que us pot passar una desgràcia! Soltar-se amb aquesta riada és una bogeria. Quan les coses estan segons de quina manera val més amollar; avui l'Ebre no està per hòsties!

—Això és cosa meva —es va tibar el vell.

—Voto a Déu! Em guardaré com de caure al riu de

donar-te lliçons. Però som amics de sempre i no em fa un pèl de gràcia que se't fotin les anguiles!

Pauet perdia el temps. Aniríem a Móra o a l'infern, però era clar com l'aigua que ens soltàvem. El vell no tornaria enrere per res del món!

Mentre Pauet insistia, Moles va acudir amb la Baldada i vam tenir feina a fer-la pujar al llaüt. L'animal estava esverat i el tauló que servia de passarel·la es movia de mala manera cada cop que l'aigua feia bandejar l'embarcació. A la fi, a força de patacades, crits i empentes, la vam embarcar.

Quan Moles, Segarra i jo vam tornar amb el Crist, que pesava igual que una mala cosa, l'oncle Gòdia ja era al timó, i sobre el mur que vorejava l'Ebre s'amuntegava la gent. S'havia estès la veu que ens soltàvem i mig poble era allí per veure'ns marxar. Vam carregar la imatge i la vam deixar plana sobre el carbó. Em disposava a lligar-la amb un tros de saula, però el vell em va cridar.

—¿Què passa?

—Abans destapa-li el cap!

—La puta d'oros! —vaig remugar—. ¿Què barrina, ara?

Emprenyat, vaig deslligar les cordes que cenyien el fardell mentre el Moles, prop meu, renegava en veu baixa i deia que el vell s'havia tornat boig, que fer bestieses amb les coses de missa ens portaria malastrugança. Vaig obrir l'embalum, i els ulls esbatanats del Sant Crist em van impressionar; semblaven vius, feia l'efecte que les ninetes s'anaven a moure d'un moment a l'altre, i la sang que li havien pintat al front i als polsos diries que regalimava realment de les ferides. Al Moles se li va esgarrifar la pell i es va quedar més blanc que la imatge.

—Ara, poseu-lo dret!

Entre tots tres el vam adreçar, al temps que la gent deixava anar una exclamació. Una gronxada del llaüt va estar a punt de fer-nos saltar a tots per la borda, però amb penes i treballs vam mantenir-nos drets. El cap del Crist eixia de l'embolcall igual que un aparegut; Moles el mirava amb terror i Segarra deixava anar mitja rialla. Jo ja en tenia un tip, d'aguantar la creu, quan el vell es va encarar amb el de dalt:

—Bé, noi —li va dir—. Ja veus de quina manera està la cosa! Malament rai! Però és ara quan es veu qui és un patró i qui un cagabandúrries que només sap navegar a la tertúlia del cafè! Cadascú farà el que voldrà, jo m'avio! Mai no he perdut cap càrrega, però com que no saps el que et pot passar, he volgut que vegis el riu i que sàpigues el que et jugues si véns amb mi: si anem a fons, tu hi aniràs amb nosaltres. I malament t'ho veig per nedar amb aquesta jugada que t'han fet!

—Santeta beneita! —va cridar una dona.

—Ja el podeu baixar! Lligueu-lo, però no li tapeu el cap.

Un cop travada la imatge, vam posar els rems als escàlems. La gent s'havia quedat muda i els llaüters a la vora del riu movien el cap amb preocupació.

—Solteu! —va manar el vell.

Vam recollir amarres i jo em vaig encomanar a tots els meus morts. El llaüt va separar-se del moll mentre la gent agitava els braços entre crits de bona sort, i amb una estropada ens vam llançar enmig d'aquella fúria.

Redéu, quin viatge! El llaüt lliscava igual que un dimoni i el riu bramava! Vam saltar colls i pedrets que haurien esgarrifat un mort! Jo tenia els pèls de punta, però el vell més que vell servava impertorbable, subjectant l'arjau del timó entre les cames. A cada cop de rem, sentia darrere meu l'esbufegar de Segarra, que anava a la part de la sama, i la Baldada clavava potades sobre el carbó. Des del banc veia el cap del Crist amb la boca oberta per la qual semblava escapar-se-li la ranera de l'agonia. Els rems es doblegaven a punt d'estellar-se, les onades trencaven contra la borda. En arribar a un pedret prop de Faió, el vell es va posar tens. El corrent era fortíssim i ens portava directes al roquissar.

—Fora rem, Manel! —va cridar l'oncle—. Vosaltres dos foteu-li amb tota l'ànima!

Jo vaig parar, mentre Moles i Segarra, a l'altra banda, s'esfetgegaven. Amb la maniobra, el llaüt va tallar d'esquitllèbit el corrent, a fi d'esquivar el pedret. L'aigua s'aixecava en galls en topar amb les roques. Érem ja molt a prop del roquissar que vaig sentir l'espetec. L'escàlem de Segarra s'havia fet ascles i el peó va anar d'esquena contra la coberta de la sama. En fallar el rem, la proa va enfilar bruscament el roquissar. Se'm va gelar la sang.

—Ens matarem! —va esclafir Moles.

Del maleït viatge en van fer moltes contalles per tota la ribera: que si el Sant Crist havia canviat de color, que si va desclavar una mà, que si els regalims de sang se li van allargar per les galtes... Històries que escampen pels cafès, tota la culpa de les quals la té el Moles, que es morirà embafadet de veritats perquè no conta més que mentides. Però, de tota manera, no m'hauria estranyat mica que al de la creu li hagués passat tot això que conten i molt més, perquè allò del pedret va ser terrible. Encara veig el vell Gòdia, mentre el Moles udolava que ens matàvem, donar un cop de timó cap a la dreta i repenjar-se sobre l'arjau amb mig cos fora la borda. Van cruixir totes les juntes del llaüt, però el vell, que encara no he pogut aclarir d'on va treure tanta força, va adreçar la nau i vam passar, el mateix que un llamp, a quatre dits del roquissar. Vam estar a punt d'esbocinar-nos. Per això dic que ben bé li hauria pogut canviar el color al Crist! Ara, que va ser ell, el Crist, qui va cridar «Timó a la dreta, Gòdia, que ens la fotem!», mentida podrida! El vell Gòdia podia ser més tossut que una mula, però no calia que ningú li digués el que havia de fer, que de feines de riu en sabia més que Déu.

REVENJA PER A UN DIFUNT

Des que s'havia estès pel poble la notícia de la mort de l'oncle Sebastià Peris, els nervis ens tibaven. Ens vam contenir fins a l'hora de l'enterrament, però, quan vam tornar del fossar, després de ficar el vell al costadet de la seva dona, morta dos anys enrere, la tensió, que no ens deixava viure, va esclatar per la vila igual que una barrinada. Les discussions, agarrades i aldarulls s'encenien arreu amb la mateixa febre de feia deu anys.

—Amb segons quines coses passa igual que amb el vi —filosofava Alexandre mentre torrava cafè a la porta del seu establiment—. Com més velles es fan, més força tenen. Aquest és el cas de Peris i Roca.

A cal calafat, a la tertúlia del baster, a les botigues i cafès, els partidaris de l'un i de l'altre avalotaven al bo i millor, però, a la vora del riu, les enganxades entre les dones que rentaven roba agenollades damunt les lloses, esgarrifaven el mateix dimoni.

—¿Vols dir que no ho deixaran córrer? —va insistir Nicasi, aquella nit al cafè d'Alexandre.

—Ondéu, no diguis rucades! —em vaig emprenyar. Calia tenir poca substància per dir una cosa com ara aquella. Encara que del Nicasi no en podies fer gaire cas; des que en una baralla amb llaüters de per avall li havien fet ascles un rem al mig del cap, de vegades no servava prou bé. Deixar-ho córrer el vell Peris! I qui diu ell, diu qualsevol navegant del riu que es faci respectar una mica: jo mateix, posem per cas. I no vull afirmar que l'oncle Sebastià tingués ganes de morir-se per reclamar el que li pertocava, però que el neguit no l'havia deixat viure durant aquells deu anys, ho sabien fins i tot els gatells de la ribera. La puta d'oros! Si quan agonitzava no tenia altra ceba! «Ara aclarirem allò amb Manel de Roca», es veu que va exclamar a les acaballes. I per pensar una cosa així quan ja tens la descarnada als peus del llit, cal que la tinguis ben arrelada als ossos!

—Jo sóc del teu parer —va dir-me Cap de Sàssola, que sabia el que es feia.

—Doncs, a mi em sembla una gran bestiesa —va esquellejar Silluè—. ¿Quin profit en trauran, ara?

Profit! No en volia sentir d'altra! Pagès havia de ser, el Silluè dels collons, per ficar la cullerada! ¿Què cony saben els pagesos de les coses de navegar, si no veuen més que bancals, i no somien altra cosa que els diners que trauran de la collita per amagar-los sota la rajola? Duro que enganxen no torna a veure el sol! Ondéu, qui va pastar el món ja va fer bé de deixar-nos el riu als llaüters, que si l'arriba a posar a mans dels pagesos el fan malbé en quatre dies! ¿Com podia entendre aquella bajoca freda, que es passava el dia llaura que llaura amb l'aladre i que s'espantava del calabruixó, l'oncle Peris, que sa mare va parir-lo en la sama d'un llaüt?

—Vés i fes-te penjar! —li vaig soltar, que el millor que pots fer amb els enzes és engegar-los a dida, i se'n va anar renegant.

—¿Vols dir que va per llarg? —em va preguntar el Negre.

—Em fa l'efecte que a hores d'ara ja ho hauran decidit.

—Renoi! —va dir el Feliu—. Jo tinc uns nervis que rebento. Segons quines coses, com més aviat millor!

El temps passava d'aquella manera exasperant que s'escola quan esperes alguna cosa. Vam posar-nos a jugar a la botifarra, però no hi havia manera de lligar basa. Cada cop que s'obria la porta del cafè, tots ens giràvem a veure si algú portava notícies. De vegades acudien dels altres cafès a preguntar:

—¿Sabeu alguna cosa, vosaltres?

—Res de res.

—Potser hi ha dificultats.

—Doncs, després de tants anys seria l'hòstia!

Cap a dos quarts d'onze, va aparèixer el Rasca, agitadíssim.

—Nois, veus volanderes diuen que el capellà va de bòlit! —va espetegar—. Escridassa pertot arreu que això és cosa del dimoni i que no ho mana la llei de Déu!

—Només ens faltaria aquesta, de llei! Com si no tinguéssim les costelles prou esmolades! —va dir el Gòdia—. Si el veus, digues-li de la meva part que se la pot confitar!

—També crida que som una colla de pagans. Vés a saber què vol dir! Ha anat a trobar l'alcalde al Bar Esport per dir-li que posi remei a l'assumpte, però l'altre li ha contestat que el municipi, si mana d'algú, és dels vius, que els morts no són cosa de l'ajuntament.

Amb aquestes murgues es va esmunyir el temps fins a tres quarts d'una i nosaltres semblava que teníem formigó. Ja anàvem a deixar-ho córrer i esperar l'endemà, quan va entrar l'enterramorts. Ja podia ser l'hora! Vam llançar les cartes i el vam voltar:

—¿Què hi ha?

—¿Quan serà la cosa?

I vet aquí que el penques es va recolzar en el taulell i ens va mirar com aquell que té tots els trumfos, sense soltar paraula. A la fi, quan ens va veure ben ensalivats, va exclamar:

—Renoi, quina caminada! Ja podia ser més a prop del poble, el fossar; no acabes mai d'arribar! I amb aquesta calor t'agafa una set..!

—Et convidem al que vulguis! —vaig cridar en veure'l venir—. Però parla!

—Primer el rom. Tinc la llengua com un bancal de secà i no podria dir dues parauletes seguides.

Alexandre li'n va servir un got ple i l'enterramorts se'l va empassar d'una glopada, sense respirar; després d'espetegar tres vegades la llengua, va amollar la informació:

—La cosa serà demà a les quatre.

Quan ens vam gitar, no sé si algú va poder aclucar l'ull, però jo vaig passar la nit de la xuta. No feia altra cosa que pensar en l'endemà, en la revenja de l'oncle Sebastià, i vinga donar voltes pel llit. Devien ser les quatre que vaig sentir Vicent, l'enterramorts. Es veu que havia anat de cafè en cafè a dur la notícia, i aleshores, borratxo perdut, ple de rom fins al nas, cridava pel carrer que ell era el Papa de Roma i que cada nit es tirava dues monges de clausura.

L'endemà, una hora abans de la cosa, la gent es va abocar pels carrerons que baixaven al riu, i el mur que donava a l'Ebre, els molls i els llaüts amarrats a la vora van quedar atapeïts de personal. Jo vaig anar-hi sense la dona. Li havia agafat por i va quedar-se a casa. A més, estava de quatre mesos i ja se sap. Em vaig ajuntar amb els meus peons i vam seure a la sama del nostre llaüt. No bufaven ni el cerç ni la garbinada i el riu estava planet, igual que una bassa. Tothom discutia amb passió i jo no feia més que treure'm el rellotge de la butxaca de l'armilla i mirar l'hora.

A les quatre en punt, el xiular del coet va tallar en sec l'avalot de la gent i l'explosió ens va sotragar. Durant tres o quatre minuts vam quedar immòbils, el mateix que estàtues, però quan vam veure els dos llaüts, després que van passar el colze que fa el riu a l'altura del pont, un udol immens va retrunyir per la vall i va sacsejar fins i tot els codissos de les gleres.

—Ara veurem què passa! —vaig exclamar amb tota la meva ànima.

La puta d'oros! Feia deu anys que l'oncle Sebastià havia perdut una correguda de llaüts de manera miserable! Anava el primer, però a mitja correguda li van petar tres rems, que això li passa al patró més fi, i se li va destarotar la tripulació. Els peons van perdre el ritme, els rems van començar a topar i allò semblaven les matraques de la Quaresma! I com se'n va aprofitar el Roca, que anava segon i sempre estava a matar amb l'oncle Sebastià! El va passar amb quatre estropades! Però, tot hauria quedat en un cas de mala sort si el Roca no hagués estat un pinxo. No en tenia prou de guanyar! A més, va voler escarnir el seu rival, i uns metres abans de la meta va cridar als seus tripulants: «Nois, fora rems; per guanyar segons qui no em fan cap falta!». I el seu llaüt, només amb l'impuls que portava, va arribar el primer. Després, ell i els seus partidaris, que també en tenia, perquè, de rucs, n'hi ha més que peixos, tot era gallejar. Però al vell Sebastià no li roncava qui volia; la jugada dels rems li havia arribat a l'os, i va desafiar Roca per a la cursa de l'any vinent. «Quan vulguis», va contestar aquell poca-solta. Però la correguda no va arribar a celebrar-se. Al cap de dos mesos, mal comptats, unes febres estranyes van consumir el Roca i se'l van endur al fossar en quatre dies. L'oncle Sebastià va anar a les misses i a l'enterrament, que una cosa no treu l'altra, però al cementiri va dir ben clar que el repte seguia en peu, perquè la mort no tenia res a veure amb una correguda de llaüts, i que quan es trobés Roca a l'altre barri li exigiria la revenja. Deu anys havia tardat a cruixir el vell Sebastià, i ara, l'endemà del seu enterrament, ell i el Roca se les tenien!

Ondéu, quines estropades, quina força, i quin servar! Cosa com aquella no s'havia vist mai des que el riu és riu! Roca, amb el mocador nuat al cap, aucava igual que un boig; ni deu anys de mort li havien pogut esmolar el posat de pinxo! Sebastià, en canvi, patronejava amb la mateixa força, però sense bullanga. I els vint-i-vuit remadors de cada nau —els llaüters més fins de tots els temps, que havien eixit de les tombes per participar en la cursa— es tibaven a cada estropada com si volguessin arrencar els llaüts de la pell del riu i aixecar-los enlaire.

—Au! Au! Au! —avalotava el Roca per marcar el ritme. El devien sentir des de mar, aquell badoc.

Mentrestant nosaltres ens desfèiem. El que hauria donat jo per córrer aquella correguda. Les proes dels llaüts anaven emparellades; després va semblar que Roca s'avançava, però Sebastià va forçar i quan faltaven un centenar de metres per a la meta, ja portava a l'altre un llaüt d'avantatge. Roca ja no tenia res a fer. Aleshores Sebastià es va treure la boina i, sense girar-se, la va llençar a l'aigua per damunt de l'espatlla alhora que cridava:

—Ja me la portaràs, cullerot de bassa!

I, entre l'avalotar de la gent, va guanyar. Tanmateix, ningú no va tenir ocasió de felicitar l'un ni de plànyer l'altre, perquè, de forma sobtada, tripulants i patrons van desaparèixer, talment com si els hagués arrabassat un cop de vent.

TRADUCCIÓ DEL LLATÍ

Quinze dies després de la promulgació per la República del decret de llibertat religiosa, l'oncle Tapioles va plegar d'aquest món de misèries.

—D'aquesta no em salva ni el mateix dimoni —havia remugat, la tarda abans, el vell. I les seves paraules estremien la casa, poblada ja per secrets preparatius de traspàs i ferums de negres tintures.

La dona, arraulida vora el llit, havia començat a gemegar mentre la parentela, present en aquell tràngol, empudegava amb monòtones protestes de millora.

—A callar tot déu! —havia tallat el malalt—. No la vull sentir més, aquesta cançó! I tu, tararot —va afegir dirigint-se a la dona—, ja ploraràs després tot el que vulguis. Ara escolteu-me bé: en el meu enterrament, no hi vull veure ni una maleïda sotana! ¿Entesos? Això, que se us fiqui bé a la closca; del contrari us recordareu de mi tants com sou! A mi, aquesta colla de corbs no em cantaran la tremenda; gràcies a la República, ara mano dels meus ossos, que, d'altra banda, és tot el que tinc. Enterreu-me pel civil. Adéu-siau!

En acabar de dir aquestes paraules, l'oncle Tapioles va entrar en l'agonia. Des de la cara, sèria, amb ulls que espurnejaven al pas de la femella, la mort se li va esmunyir a tota la corpenta —els braços avesats al rem de llaüter, l'esquena fatigada, el membre sense força— fins a les ungles dels peus, i va cruixir de dalt a baix sense un remei de Déu.

Es feia estrany el moment del sepeli sense safareig litúrgic, no acabaven de lligar dols i corones amb el silenci de les campanes. A desgrat de la profunda indiferència religiosa i de la filiació republicana de la vila, el trencament dels ritus seculars que suposava la decisió del vell Tapioles inquietava la gent d'una manera vaga. A l'entrada de la casa, la família, neguitosa, guaitava de reüll el taüt encara obert, dins el qual romania el difunt, embotit en la roba de casar —una mica encongida, un pèl arnada— que la vídua havia exhumat de la caixa de nuvis. I en totes les mirades hi havia belluguines intranquil·les.

—Ja vénen! —va dir algú, cap a les quatre.

Voltada per la canalla, precedida per l'agutzil, que portava la bandera municipal, es va presentar la banda del poble. La gent es va sentir alleugerida per la improvisació, decidida a corre-cuita, aquell matí, a Ca la Vila i que venia a substituir en certa manera la creu i la llatinada fúnebre. Van treure la caixa fora, l'agutzil va iniciar la marxa, i el seguici —els homes al davant, després les dones— va començar a fer via camí del cementiri.

Fins aleshores, tots els enterraments anaven de la casa del difunt a la plaça de l'església, situada al centre del poble. Allí cantaven absoltes; després, la comitiva, amb el capellà davant, enfilava el carrer Major i passava per la plaça de Ca la Vila per anar a buscar la carretera arran del Segre. Ara, atès que no calia dur el difunt a l'església, els familiars van decidir eixir directament al camí que vorejava el poble per la part alta, que era el trajecte més curt des de la casa del vell Tapioles al fossar.

Ja li podeu dir de músiques a Manuel de Sapera, que aleshores era jove i avui va pels setanta. Us mirarà d'esquitllèbit amb una ganyota de menyspreu profund i pensarà que no teniu senderi, que només sou una colla de badocs finestrers més bastos que l'espart mascle. Perquè el qui no va ser a l'enterrament del vell Tapioles no sap, ni sabrà mai, el que és la bona música. Quin sentiment el del trombó! Quina malenconia la del saxo! I aquelles tamborinades tristíssimes, que compassaven el pas de les espardenyes de mudar pel carrer de Sant Antoni...! Per desgràcia, el prodigi no va durar gaire estona...

De sobte, el bombardí la va espifiar, un crit estremidor va esclafir entre el dol enmig d'una esclatada de blasfèmies, i una colla de nenes aterrides fugia arrossegant corones mortuòries que deixaven per terra flors d'estany i cintes negres.

A cada enterrament, el poble semblava contenir l'alè. Els botiguers tancaven portes al pas de la comitiva, s'esmorteïen, en els cafès, les converses dels parroquians i la partida de botifarra quedava en suspens al so de les llatinades. Des de l'amagatall de la finestra, la xafarderia mesurava dolors, indiferències, mesquineses i luxes per a futures murmuracions. Però, tan aviat com la comitiva eixia del poble, la gent es distendia, alleugerida, i la jugaldrina dels nois en els carrers esbandia les deixalles de la mort.

Per això l'aparició inesperada al carrer del Castell de l'enterrament que tothom feia ja al fossar va trasbalsar-ho tot. La gent no sabia què fer davant d'aquell difunt que ja havia començat a oblidar per sempre. Al carrer Nou, els vells de la tertúlia del baster van refugiar-se dins l'obrador, deixant davant la porta les cadires en cercle, i Josep Sansa, que ferrava una mula a la costera del Forn, va quedar-se bocabadat amb el martell enlaire. Espantada pel dol, bramava la somera d'Àngel Rius carregada de verdures. Però ningú no donava raó del que succeïa.

D'aquella música d'una estona abans no quedava res més que una murga estranya, que la banda arrossegava darrere la caixa. El bombardí Silvestre no aconseguia agafar el to; li semblava que les notes del paper de música corrien pels pentagrames el mateix que un eixam de formigues negres. Encara li tremolaven les cames i no se li m'anava del cap l'escena esgarrifosa: les noies corrien, la gent maleïa, cridaven les dones. I a terra al mig del camí hi havia el bagul del mort, amb la tapa mig oberta, el mateix que si el difunt l'hagués rebatuda amb un cop de puny...

—Rafel! —havia cridat l'oncle Tapioles. La gent va retrocedir encara més a banda i banda del camí mentre mirava la caixa amb terror. Fins que el vell no el va cridar per segona vegada, el fill, tot tremolós, no va acostar-s'hi.

—¿Ets viu, pare?

—¿Viu? —havia replicat el vell amb veu emprenyada—. Sóc ben mort, fill malaguanyat, que si no ho fos i encara tingués força, sortiria d'aquí dins i us ablaniria el costellam! ¿Es pot saber per què em traieu del poble igual que un empestat? ¿És que teniu por? ¿O potser us fa vergonya? «Guaita —dirà la gent—, al vell Tapioles el porten al clot igual que un gos!» I jo passaré una mort més puta que ma vida! ¿És perquè no he volgut capellans, que no tinc dret que el meu enterrament passi pel carrer Major i la plaça de la Vila, igual que el de tothom? ¿Quina cara fotré davant del meu pare, que ja m'estarà esperant al fossar? Fes-me dur pel carrer Major, fill, que tot el poble pugui veure el meu enterrament, si no, els meus ossos no descansaran mai!

El vell Atanasi va eixir d'entre la gent i es va plantar al mig del camí, vora la caixa.

—Que em pengin si no té tota la raó! —havia cridat, alhora que brandia amb fúria la gaiata—. L'enterrarem com cal!

Un murmuri aprovatori es va estendre per la comitiva. Calia que el difunt fos aplacat —ofici de capellans fins aleshores—, que les seves despulles trobessin la pau abans de donar-li terra. Perquè l'alè d'un mort posseït per l'odi podia fer malbé les collites, podrir les aigües i escampar arreu del poble, el mateix que un mal aire, les llavors empestades de totes les maleses.

El bombardí Silvestre seguia sense encertar la tonada i procurava no acostar-se gaire a la caixa mig oberta que portaven sis homes, no fos cas que el difunt l'anés a maleir per la seva mala traça. Però, aleshores, l'enterrament ja enfilava el carrer Major i el mort descansava en pau per sempre. D'altra banda, el vell Tapioles mai no havia sabut música...

STRIP-TEASE

La mosca va deixar guerxo de l'ull dret el monjo pintat a l'etiqueta d'un flascó de licor d'herbes que hi havia a l'últim prestatge; després es va aviar a una galta del cafeter Silveri.

—Coi de bestioles! —va remugar aquest, mentre s'espolsava l'insecte amb el drap d'eixugar les eines—. Aquesta tarda estan apegaloses.

La mosca va fer un vol fins al rellotge de paret; d'allí la va esbandir la primera campanada de les quatre i, a l'últim, va fer cap a la taula de billar i es va posar sobre una bola blanca.

Silveri va recolzar-se altra vegada en el taulell. Després del batibull del migdia, a l'establiment no hi quedava una ànima, fora dels vellets que mataven les hores vora el finestral arran del carrer. Una olor de licor i de tabac s'esbravava en l'atmosfera espesseïda. Sobre les taules desertes encara hi havia tasses amb deixalles de cafè, culleres, copes i baralles greixoses escampades sobre els tapets verds, tots clivellats de cremades de cigar.

—Sempre el mateix —va filosofar Silveri, carregat de mandra—. Ara em posaré a fer neteja; encara no hauré endreçat la darrera tassa, es farà hora de plegar els miners, es tornarà a omplir el local i començarà altre cop la saragata. M'ho tornaran a fotre tot damunt davall. I quan se'n vagin, que no marxarien mai, au, Silveri, torna a recollir, que no has fet res... Si d'això se'n diu viure...! Tant de bo no vingués ningú, no em donarien més que una alegria! Però no! Cada dia ve més gent! Sembla que s'hagin dit: «Ara anirem tots al cafè de Silveri per fer-li l'arquet». ¿Per què no se'n van al Central o a qualsevol altre lloc? Dimoni! Sembla que en tot el poble no hi hagi altre cafè que el meu!

Aleshores entrava el vell Ibars, llaüter jubilat.

—Com va, oncle —va saludar Silveri.

El vell no va contestar. Amb les seves passes nervioses, travessà el cafè i va anar a la taula on eren els seus amics.

—Au! —es va dir Silveri, mosquejat—. Ni mitja paraula! ¿Qui s'ha penjat, avui? Es veu que al vell li va per llunes: o cinc o cinquanta! Què hi farem! Tal dia farà un any!

El vell Ibars va seure amb els altres i entre tots plegats va començar un xiu-xiu misteriós; de vegades amanien la cosa amb cops de gaiata a terra i exclamacions:

—¿Vols dir? —feia l'avi de cal Remigi, antic miner.

—Redéu! —cridava el del Blanc.

El cafeter els mirava i movia el cap.

—Amb aquests cops de gaiata no em deixaran una rajola sencera, em faran miques l'establiment —pensava—. L'oncle Ibars ja està revolucionant els altres vells! Sempre els fa anar de coroneta! Ja m'agradaria saber quina en porta de cap, avui!

Feia calor. A la vora del cafeter, l'aixeta de la pica degotava amb monotonia. Mentre fitava els vells, Silveri va començar a sentir-se flonjo. Les parpelles se li tancaven, va repenjar-se encara més damunt el taulell. Però encara no havia encetat el primer son quan va sentir que li burxaven el colze. Va obrir un ull: era el vell Ibars.

—¿Què voleu, oncle? —va remugar amb resignació.

—Acosta't. Et vull fer una pregunta.

Silveri es va posar de puntetes i es va fer endavant sobre el marbre del taulell.

—¿Què passa?

Amb posat de misteri, l'antic llaüter va mormolar-li baixet, a cau d'orella:

—Escolta, fill. ¿Tu saps què és una cosa que en diuen una «buat»?

—¿Què t'ha dit?

—¿Has pogut aclarir-ho?

—Miqueta —va contestar el vell Ibars—. El primer que ha fet ha estat posar-se més vermell que un tomàquet. Després, vinga gratar-se el clatell... I, tot plegat, res de res! No sap el que es pesca. Quin jovent, nois! Sembla que hagin de menjar-se el món amb quatre queixalades i a l'hora de la veritat fan figa! Ara mateix, no em direu que aquest Silveri no té l'obligació de donar raó del que li he preguntat! Perquè això de la «buat» ho ha inventat la gent d'ara. Quan nosaltres érem fadrins no n'hi havia.

—Segur!

—Nois, estem igual que abans.

—Vosaltres direu el que voldreu, però, al meu entendre, això de la «buat» deu ser una cosa com ara un teatre —va insistir el vell de cal Blanc, home de riu també, que ja havia arriscat la mateixa hipòtesi abans de la consulta a Silveri.

—Tornem-hi —va fer l'oncle Ibars amb irritació—. Un teatre! A tu, quan se te'n fot una a la closca...!

—¿I per què no pot ser-ho? —va replicar l'altre.

—Perquè si fos un teatre, a veure, ¿per què punyetes n'haurien de dir una «buat»? Li dirien teatre i prou!

—Guaita quina! —va fer el Blanc amb sarcasme—. Tu et dius Ibars i també t'anomenen Punxafigues!

Abans que el vell Ibars no avalotés, va intervenir Segarra:

—Au, deixem-ho córrer! Tant se val que sigui una cosa com una altra. Ja ho aclarirem, i si no ho aclarim, festa. I tu, Ibars, acaba de contar allò del Negre; ara ja ens tens a tots ensalivats i no és el cas de deixar-nos a mitges costures!

—Bé —va concedir Ibars—, ho contaré. Però si el Blanc torna a emprenyar-me, plego.

—Vinga! —va reclamar el Remigi, calafat de tota la vida, el més engrescat amb la història.

—Però conta-ho baixet —va mormolar Segarra—. Aquest Silveri no fa altra cosa que parar l'orella i després ho xerra tot. És un xafarder!

Els vellets van fer cercle. Gairebé es tocaven les viseres de les gorres.

Aquella migdiada, quan el vell Ibars anava al cafè

de Silveri, havia ensopegat els de la colla de l'estanquer. Asseguts a les escales de la porta de l'església, escoltaven amb la boca oberta el Negre, un xofer que feia sovint viatges a Barcelona, a dur carbó de les mines. El camioner explicava una nit de gresca a la ciutat. El vell Ibars va plegar el discurs amb fils i filets i li havia faltat temps per arribar al cafè i contar-ho als amics amb les inevitables afegidures de collita pròpia. Tot havia anat bé fins que toparen amb la paraula «buat», justament quan el Negre hi entrava...

—El Negre diu que el lloc era més aviat petit —va continuar el vell procurant esquivar la maleïda paraula—. A dins no s'hi veia un sacre. Només hi havia uns llums vermells d'allò més escarransits, que ni mataven la fosca ni res; havies d'anar gairebé a palpons. El Negre i el seu ajudant van seure en una taula prop de l'escenari i van demanar per beure una cosa que ara mateix no en recordo el nom. De camí van tenir dues paies enganxades a roda! I apa! Al cap d'una estona comença a tocar l'orquestra i vet aquí que surt a l'escenari una noia rossa d'allò més bonica... Resulta que l'escenari representava un dormitori. La noia fa veure que té son i es comença a treure la roba. Molt a poc a poc.

—¿Davant de tothom? —va esverar-se el Remigi.

—És clar! —va replicar el narrador—. ¿On seria la gràcia, si s'amagués? Aleshores la gent no hi aniria. Això ho entén qualsevol!

—Hòstia, noi! —va exclamar el Blanc.

—Ho feia a poc a poc. Ara em trec una mitja, ara l'altra; això em fa nosa, allò també. Es veu que va llançar les lligacames al públic! Al Negre li va faltar poc per agafar-ne una!

—¿I es va despullar del tot?

—¿De pèl a pèl?

—Només es va quedar amb unes calces petitones, però ensenyava el melic i les anques! Tenia la cuixa ferma i una pell...! El Negre ja no hi veia de cap ull! No us dic res si la noia arriba a treure's les calces; allò s'acaba... Però es veu que els tenen manat que no es despullin del tot. I és el que jo dic: ¿que se n'hi fum a ningú si la noia rossa es vol quedar com el dia que va néixer? ¿No és ben seu tot el que té? ¿I si ho vol ensenyar, què? El Negre diu que això de les calces és cosa del govern. Tanmateix, jo ficaria la mà al foc i no em cremaria que també en té la culpa el bisbe!

—Es veu d'una hora lluny! —va reblar Segarra—. Els joves encara no saben amb qui se la juguen.

—D'això que fa la noia en diuen un «estripís» —va afegir Ibars amb suficiència—. Es veu que a l'estranger ho fan tot sovint.

Els vellets van emmudir, encauats en les seves cabòries. Va ser Ibars qui va trencar el silenci al cap d'una estona.

—Prou! —va amollar.

Els altres el van mirar amb inquietud.

S'havia posat dempeus, els ulls li lluïen d'una manera estranya.

—No em mireu com si fos un boig! El que sóc és una somera, el mateix que vosaltres! La mar salada! A Barcelona passen aquestes coses i nosaltres ens estem aquí, igual que una colla de pepets! Qualsevol dia ens morirem i adéu-siau! El que hauríem de fer és aprofitar el temps i anar a veure la noia rossa! ¿Què diríeu si un dia d'aquests fotíem tots plegats el camp a Barcelona? ¿Eh? ¿No us agradaria veure això de l'«estripís»?

Els altres van quedar-se de moment una mica astorats, però a la fi, Segarra va cridar:

—Per mi, podem anar-hi ara mateix!

—Què cony, som-hi! —va esquellejar el Blanc.

—¿I tu, Remigi?

—Home, ja m'agradaria... Però, ¿què hi diran els fills i les nores i els gendres?

—Que diguin missa! —es va emprenyar Ibars—. ¿Que no fan el que volen? Van al cinema, al ball, pertot arreu! I nosaltres a podrir-nos! Sempre que dic que m'agradaria anar al cinema, que no hi he estat des d'abans de la guerra, la nora em solta: «Au, pare, on ha d'anar, vostè! Aquestes coses són per als joves!». Doncs, ja s'ha acabat aquesta cançó!

—Tens tota la raó —va dir Segarra.

—Decidit!

—Com xalarem!

—Cony, nois! —s'exclamà el del Blanc—. Ja m'hi veig! Ara, hi ha una cosa que m'esvera una mica: ¿voleu dir que no ens perdrem per Barcelona?

—Per això no cal que patiu —va deixar anar Segarra amb posat d'home de món—. Jo, a Barcelona com a casa. Hi vaig fer la mili quan el rei...

—¿I com la trobarem la noia rossa? —va voler saber el Remigi.

—Guaita que arribes a ser cap de soca! —va replicar Ibars—. No caldrà més que preguntar-ho a qualsevol i llestos! A Barcelona ho deu saber tothom. Com si hi hagués gaires noies rosses que es despullen davant la gent...

—Podríem anar-hi la setmana que ve. Lloguem la camioneta del Xapa i que ens hi porti.

—¿I els diners? —se li va acudir de preguntar a Segarra.

Després d'un silenci una mica tens, Ibars es va arriscar a suggerir:

—Home, ¿vols dir que el Xapa no ens fiaria...?

—Potser sí...

—Li ho hauríem de preguntar...

—En tot cas podríem esperar una mica. Diuen que aviat apujaran la jubilació.

—Ara, el que hem de fer és no deixar de cua això del viatge...

—És clar. Potser d'aquí a un mes o dos...

Es va fer el silenci. Amb les mans recolzades sobre les gaiates, els vellets miraven el carrer ple de sol. Al fons, l'antic rellotge va tocar hores lentament. Als prestatges de la botelleria, la mosca anticlerical anava d'una ampolla a l'altra.

LA LLUNA, LA PRUNA

La Lluna,
la pruna,
vestida de dol;
sa mare li pega,
son pare no ho vol.

Una nit de juliol, a mig camí de Vallperdiu a Llosa, l'esmolet Aristides va decidir cantar per veure si s'espolsava la malenconia. Desgraciadament, l'home tan sols sabia *¿Per què no m'estimes, Marta?*, un tango tristíssim que li havia ensenyat el sagristà de Cantalaigua, i el resultat de l'experiment va ser descoratjador. Amb penes i treballs, Aristides encara va enllestir les dues primeres estrofes; en encetar la tercera, però, la tristor de la cançó s'afegí a la del cantant i aquest va perdre el to amb una espifiada patètica.

«Aristides —es va dir l'esmolet, malmirrós—, això no pot anar ni amb rodes. Ja no saps ni cantar. Tan bé que t'eixia abans aquest tango! Si el brodaves! I ara, res de res. És clar que, abans, era una altra cosa: tenies feina. ¿Com vols cantar bé si fa mesos que no esmoles ni un mal punxó? Món de Déu! No pots estar mai tranquil. Sempre t'han d'empipar amb una cosa o altra. A veure: ¿quina falta feien en aquest món els ganivets de fulla de serra? Cap, penso jo. ¿I les màquines d'esmolar que fan anar amb l'electricitat? Ni una, ni mitja! ¿O és que no hi era ja Aristides amb el seu carretó? Doncs, no senyor! Au, màquines i ganivets, dels que mai no s'escantellen, a munts! Guaita que té ronyons la càrrega del sucre! I Aristides que es pengi. ¿Quin remei li queda? Ara mateix, dis-me, ¿a què hi vas, a Llosa? Si no t'han de donar feina... El baster ja té la maleïda maquineta; el fuster, igual. I la gent que et portava estisores, ganivets i altres eines, ara les duen al taller que han ficat al poble. Només t'acudirà el vellet Gregori, perquè li esmolis la navalla, i encara li ho faràs de franc. Ets una bleda, Aristides! És clar que el pobre Gregori és un cas especial... A veure: ¿què li has de cobrar? ¿Les sis o set pessetes que li dóna el seu fill, de Pasqua a Sant Joan? ¿I et traurà de penes, això? En canvi, al vellet el fumeries de mig a mig; amb aquests diners en té per comprar tabac i anar a fer un gotet de vi a la taverna —d'amagat de la nora, no cal dir-ho, perquè aquella bruixa el té espantat. I, per quatre perrots, ¿tindràs la barra de treure-li aquesta il·lusió? T'estàs tornant dolent, Aristides. Pobret Gregori... A més a més, potser serà la darrera vegada que el trobaràs viu. Si ja té un peu al fossar!»

En aquestes, la roda del carretó ensopegà amb una pedra al mig del camí i va faltar un pèl perquè Aristides, desprevingut, no s'esclafés el nas contra les moles.

«La mar salada! Si em descuido... ¿Ho veus? Déu t'ha castigat per les teves males entranyes. Ell està en tot, no se n'hi escapa una. És clar que també és veritat que, si és en totes, hauria pogut trobar-me feina —que bé deu saber que no en tinc, penso jo— i s'hauria estalviat ara haver de posar la pedra davant la roda. Ai, mare! ¿Què dius, desgraciat? No en feu cas, Nostre Senyor. Com si no ho hagués dit. Ja sabeu que no sé de lletra i que sempre he estat un cap de soca. ¿No us en recordeu de quan anava a la doctrina? No vaig passar del Pare Nostre. Quan arribava a allò que diu "dels nostres enemics..." m'amallava sempre. I mireu que mossèn Bartomeu m'ablaïa a cops de canya... Res. Res. És el que us deia abans: no tinc senderi, no se'm pot fer cas. ¿Oi, que no? I per la feina, no us preocupeu. Ja m'espavilaré. No m'estranyaria gens que a l'estranger fessin falta esmolets. Es veu que allí són una mica endarrerits perquè, quan vénen aquí, guaiteu què compren: sellons, espardenyes i barrets de palla dels d'anar a segar. I no us dic res quan veuen una somera amb la sàrria o els argadells al llom. Es queden bocabadats. Mireu: el primer que faré, quan torni a passar per Cantalaigua, és preguntar-ho al sagristà. Ell sap llegir els diaris i deu estar al corrent d'això de l'estranger. El mateix me'n vaig a Roma! Renoi, Aristides! Roma. Com aquell qui no diu res. Ja et veig xano-xano, amb el carretó, per aquells carrers que no s'acaben mai. Fins i tot podràs anar a la torre Eiffel, a veure el Papa...!»

Devien ser les dues de la matinada quan l'esmolet va arribar a Llosa. Normalment, en aquelles hores, tot el poble era gitat i pels carrers no es veia una ànima. Per això, Aristides es va sorprendre de trobar obertes de bat a bat les portes del Cafè Central.

«És ben estrany —es va dir, aturat al mig de la plaça—. ¿Què deu passar?»

Una mica esverat, s'acostà a la porta de l'establiment i va guaitar dins. El Central estava atapeït de gent que parlava amb animació. El cafeter, atrafegat, anava i venia sense aturar-se entre les taules, amb una safata plena de tasses de cafè, granissats i ampolles de cervesa. Al fons, l'esmolet va descobrir el clatell roig i llustrós de mossèn Joan, el capellà del poble, arrenglerat amb el de l'alcalde i els d'altres capitostos, davant el televisor engegat.

«Si el capellà encara és viu, no és la revolució —va pensar, alleugerit, Aristides. Per un moment havia imaginat que la desacostumada gresca no fos el gran trasbals del qual sempre parlava el sagristà de Cantalaigua—. El sagristà sempre diu que, el dia que allò comenci, els ha de trinxar a tots, encara que després es quedi sense feina. Pel que es veu, però, ho hauran deixat per a més endavant. Hauria estat galdós que en passés una de grossa, ara que estic a punt d'anar a Roma!»

Tanmateix, tot allò l'intrigava i decidí esbrinar-ho. Arrambà el carretó a la paret, s'esbregà les mans a la granota i va entrar al cafè. Totes les taules eren ocupades. I l'esmolet, indecís, es va quedar xombat com una bitlla al mig de l'establiment. Va sentir que el cridaven:

—Aristides! Ei, Aristides!

L'esmolet va mirar cap al racó d'on havia eixit la veu i va veure Gòdia, el vigilant de Llosa, que li feia senya que hi anés.

—Quant temps sense veure-us el pèl! —va dir-li aquest—. Ja em pensava que éreu qui sap on! Au, seieu aquí amb nosaltres. Apa, nois, estrenyeu-vos, que Aristides és un amic.

La colla que ocupava el banc de fusta es plegà com un acordió cap a una punta i deixà lloc a la contrària per a Aristides.

—Tinc la fulla de la llança feta un fàstic. És tota rovellada. Li haureu de fer una passada amb la mola —li digué el vigilant—. Ja em direu quin respecte pot fer un vigilant amb la llança feta malbé...! Fins i tot els gossos es riuen de mi. Bé, deixem això per a després. ¿També heu vingut a veure l'espectacle?

—¿Que fan comèdies?

—¿No em direu que no ho sabeu?

—¿El què?

—Doncs esteu ben bé a tres quarts de quinze —cridà Sàssola, burleta, des de l'altre cantó del banc—. Si ho saben els gossos!

—Per això ho saps tu, enze —tallà Gòdia—. I a veure si parles amb més respecte als meus amics, si no et fotré un cop de llança a la closca que no te'l traurà ni el governador. Aristides: avui els americans han arribat a la Lluna.

—¿A la Lluna? —exclamà l'esmolet amb estupor.

—Sí, senyor. Han fet el viatge dins un coet. El portava un que li diuen Irmstrong.

—Es diu Armstrong! —replicà altre cop Sàssola—. No en saps un borrall d'americà, tu!

—Sàssola, que te la guanyes! Bé, el que us deia. Ja són allí. Encara no han eixit del coet. Han dit que, quan ho facin, es veurà per la televisió, i aquí ens teniu a tots, esperant.

Feia una calor de Déu. Al Central, ple de fum, gairebé no es podia respirar. Blanques papallones nocturnes donaven voltes a l'entorn de les bombetes. Alguns parroquians s'havien adormit, amb el cap recolzat al marbre de les taules. Un gos xafarder havia ficat el cap entre els penjolls de la cortina de la porta i fitava amb malfiança el senyor que explicava alguna cosa sobre mòduls lunars, òrbites... a la pantalla del televisor. Mòduls lunars, òrbites, astronautes, Aristides no entenia res.

—Si tarden gaire, ja no ens caldrà gitar!

—També, quines hores d'anar a la Lluna!

—Ganes d'empipar...

—Ho trobaran tot tancat!

—Guaita com badalla el secretari...

—Es veu que va curt de son.

—Li haurem de dir a la Flora que no sigui tan llaminera o ens deixarà sense funcionaris en quatre dies!

—¿Hi ha capellans, a la Lluna?

—A cabassos.

—I a vós, ¿què us passa que no dieu ni piu? —preguntà Ibars.

—¿A mi? —respongué Aristides—. Res, res. És que he d'anar de viatge i estava pensant el que me n'he d'endur.

—¿De viatge? —s'estranyà Gòdia—. ¿I on aneu, si es pot saber?

—A Roma!

—¿A Roma? ¿Què hi heu de fer allí?

—Doncs, esmolar! M'han dit que a l'estranger van escassos d'esmolets.

—No en volia sentir d'altra —rigué Sàssola—. ¿Qui us ha enganyat?

—Esmolar a Roma!

—Aquesta sí que és bona!

—M'han dit que la notícia venia als diaris —va dir Aristides, angoixat, dirigint-se a Gòdia, que se'l mirava amb cara seriosa—. ¿Que no és veritat?

—I tant! Va eixir el mateix dia que donaven la notícia que a mi m'havien fet rei del Marroc —esquellejà Sàssola.

—Prou! —va dir Gòdia, donant un cop a les rajoles amb el mànec de la llança.

Tothom, a la taula, va callar en sec.

—Aristides, als diaris no ha sortit res del que vós dieu. O almenys nosaltres no ho sabem —continuà Gòdia—. Us dic la veritat. Ja sabeu que us aprecio i no us enganyaria per res del món.

La veu del vigilant, afectuosa, va tranquil·litzar una mica l'esmolet, que, avergonyit, havia ajupit el cap i no gosava aixecar-lo.

—No us van gaire bé les coses, ¿oi? Apa, aixequeu el cap, home. Ja pensarem alguna cosa i tot s'arreglarà. El meu pare, que en glòria sigui, sempre deia que un home no s'ha d'acoquinar fins que no es vegi el cap a quatre passes. Així m'agrada. I ara, acabeu-vos el cafè, que fred no val res... I d'aquests babaus, no en feu cas. Avui estan sonsos.

Feia molta calor. Voltaven les papallones a l'entorn de les bombetes. El gos xafarder retirà el morro d'entre les cortines de la porta del Central, creuà lentament la plaça, i es féu ombra inquietant davall dels porxos, esperant que passessin els carnissers, amb els carros atapeïts d'ovelles, camí de l'escorxador.

—Aristides!

Es despertà esverat. La suor li amarava la roba.

—Renoi! —li va dir Gòdia—. Dormíeu com un sac. Us he despertat perquè ja fan allò de la Lluna. Mireu.

Havien apagat els llums del cafè i la resplendor de l'aparell de televisió il·luminava vagament els escassos parroquians que quedaven al Cafè Central. Mentre l'esmolet dormia, la gent, avorrida d'esperar, havia anat a gitar-se. A la taula de les forces vives, el secretari feia cabotades.

—Fixa't, fixa't! —deia Ibars—. Aquest que surt és l'Armstrong, ¿oi?

—A veure si encara baixarà de cap.

—La por no és tota a França.

—Ja m'explicaràs com estaries, tu!

—No es veu una animeta.

—Deuen ser al llit.

—Guaita quin munt de clots! El dia que hi anem, trobarem la feina feta si volem plantar ametllers.

—Pagès havies de ser!

El bon humor de la colla feria l'esmolet i li feia

mala sang. En aquell moment, Aristides hauria volgut sentir-se compadit, ser el centre de la sol·licitud dels veïns de taula, fer escoltar el seu plany i veure compartida la pena que l'afligia.

«Mira-te'ls —pensava—. ¿Com han de preocupar-se per mi? A ells, la feina no els falta. Demà, un anirà a l'horta, l'altre a la mina... i tu ja t'apanyaràs. Com si et vols morir. No comptes més que un gos.»

Desitjà amb tota la seva ànima que s'enfonsés la mina, que una pedregada fes malbé la collita i que es cremés el poble sencer, per veure'ls a tots —Sàssola, Ibars, fins i tot Gòdia— patir com ell patia ara. Els imaginà destruïts, desesperats, i aquell pensament li produí un plaer maligne.

—¿Què us sembla tot això? —li preguntà Gòdia assenyalant-li la pantalla.

—Deixeu-me estar —va contestar Aristides, amb odi.

El sereno el fità una estona; després, sense dir paraula, es va girar de nou cap al televisor.

«Mare meva! —es va dir l'esmolet, de sobte esgarrifat dels seus pensaments—. ¿Què has fet? Ets una mala bèstia, un porc! ¿Com els has pogut desitjar coses tan terribles? Un malvat, és el que sóc! Mai no havia caigut tan baix. ¿Què és el que m'ha passat? Ells no tenen culpa de res. Sóc jo mateix que de camí em faig il·lusions. Anar a Roma...! Tanoca, cap dur! ¿Quan n'aprendràs? Ells no tenen per què aguantar les meves ximpleries. Prou en deuen tenir amb els seus maldecaps. I això que li he fet a Gòdia no té nom!»

—Gòdia...

El sereno es va girar de cara a ell.

—Dispenseu el que... —va començar Aristides, amb el cap cot.

—I ara! —el va atallar Gòdia, rialler, donant-li un copet a l'espatlla—. Tothom té, en un moment o altre, una mala arrencada. A més, us sobren motius, a vós. El que no puc entendre és com us ho preneu tan bé.

—Xerreu més que fetge en brasa! —protestà Ibars—. No deixeu sentir res!

«Gòdia té raó —va pensar Aristides, assossegat—. Qualsevol altre, al meu lloc, potser ja n'hauria fet una de grossa... Hi ha tipus als quals de camí els cau el cel al damunt. Els falta fibra, és clar. Cal saber passar els moments durs i esperar que les coses vagin millor. Perquè hi aniran. Qui sap! Potser el govern, a hores d'ara, ha decidit prohibir les màquines d'esmolar, cosa que no m'estranyaria gens. Sempre he dit que aquests trastos faran alguna malesa...»

Tranquil, confiat, Aristides es recolzà a la taula i es quedà amb la boca oberta mirant la televisió.

Va acabar la transmissió. Els capitostos s'aixecaren per anar a dormir.

—Un esdeveniment que passarà a la història —salmejava el rector amb veu de baix.

—I a nosaltres ens ha tocat l'honor de presenciarlo —afegí l'alcalde en to de transcendència.

—Sublim, sublim! Em sento emocionat —deixà anar el secretari, entre dos badalls.

—Ens en podem sentir orgullosos. El mèrit no és tan sols dels americans. És una empresa de tota la humanitat.

—Molt ben dit, senyor rector. I els russos que es fotin! —solfejà l'alcalde.

—Senyor alcalde, senyor alcalde! —renyà, paternalment, el capellà—. Es pot dir el mateix amb paraules que sonin millor a l'orella...

—Dispenseu-me. És que...

—Ja, ja, estimat. Us comprenc. Sou una d'aquelles ànimes generoses i apassionades, entre les quals —i això no us ho hauria de dir perquè no caigueu en la vanitat— l'església sempre ha trobat els més fidels col·laboradors.

—Exagereu, senyor rector...

—Guaiteu, quina modèstia! I ara que parlem de l'església: ¿us heu fixat en l'escala de la trona? Hi ha quatre graons baldats...

—No en parlem més. Demà mateix us faré enviar el fuster —concedí, afalagat, l'alcalde.

—Cal deixar ben endreçat aquest món, abans d'estrenar el nou.

—Estrenar un món! Quina frase sublim, senyor rector —badallà el secretari mentre el grup sortia del Central. Fora, a la plaça, els va bordar el gos de sota els porxos.

—¿Ho heu sentit, Gòdia? ¿Ho heu sentit? —preguntava Aristides, excitadíssim.

—¿Què?

—Això que ha dit el senyor rector! Un món per estrenar, novet de trinca!

—Sí, sí, però no us entenc... Ei, Aristides! ¿On aneu tan de pressa? Aristides! Aristides!

—Deixa'l anar —va remugar Sàssola—. A aquest tipus, sembla que li falta un bull.

—¿Em permets que et digui una cosa, molt seriosament, Sàssola?

—Avant.

—Ets un cretí.

Des de la porta de la pallera es veia el cel i, al cel, la Lluna. Aristides, ajagut a terra, se la mirava.

—Ja t'ho deia abans, Aristides: això de no tenir feina no podia durar gaire. Un món per estrenar, nou de trinca! La d'eines que deu haver-hi per esmolar! No te les acabaràs. Renoi, quins tips de treballar et podràs fer, fins i tot els diumenges! És clar que ho hauràs de dir als companys, cal no ser avariciós. Pobres! Quina alegria els donaràs! ¿Vols dir que no enyoraràs tot això d'aquí? Bé hauràs de venir de vacances alguna vegada, dic jo, encara que només sigui per veure els amics... Un món per estrenar!

Se sentien els grills. El cel era com de fum i, per la banda del poble, semblava que volia clarejar el dia. Aristides, somniós, es mirava el carretó arrambat a la paret de la pallera.

—Hauràs de fer un pensament i canviar les moles. Estan molt gastades. I pintar el carretó. No et pots presentar a la Lluna fet un safarós.

LA SIRENA DEL BAIX CINCA

Senyor president de la Generalitat: sóc el Gregori, el forner de Cantalaigua del qual tantes vegades li ha parlat l'Heracli Planes —aquell xicot del poble que fa de xofer, que va sovint a Barcelona a dur carbó de les mines d'aquí i és carn i ungla amb vostè.

Em sap greu que el primer cop que li escric sigui per donar-li males notícies, però, ¿què hi farem? Es veu que no tenim la lluna al recte del fumeral, que estem de pega.

El cas és que despús-ahir a la nit, mentre assajàvem l'últim acte de *La sirena del Baix Cinca*, l'obra de teatre que —com vostè ja sap— ha escrit un servidor, la Marieta, la meva dona, que hi fa el paper de la protagonista, és a dir, de la sirena, va tenir un accident d'allò més llastimós.

No sé si l'Heracli li havia comentat que els assaigs els fèiem al forn. El lloc és gran i utilitzàvem com a escenari el taulell d'apanar, una baluerna de noguera de l'any de la picor, que vaig fer reforçar pel fuster —el mateix que ens prepara la decoració per quan estrenem l'obra al teatre del poble— i ens anava d'allò més bé. Val a dir que el dia de la desgràcia havia estat atabalador. S'acosta Pasqua Florida, les dones van venir, com cada any, a coure coques, magdalenes, pastissets i carambous, i no vulgui saber el terrabastall que s'organitza en dies així. De no passar-ho! Quin guirigall! El forn s'omple ja de bon matí. Totes les parroquianes criden alhora; totes, si les escoltes, han arribat la primera i, si no et quadressis, et farien ballar de coroneta o perdre l'oremus. Unes riuen, les altres critiquen, dues se les tenen perquè han marcat les coques amb el mateix senyal, però cap no calla: que si aquest olier és meu; que si m'han pres la farina; dóna'm aquest drap; ara, fes-me un capçal; aida'm a carregar-me la llauna dels pastissets; on són les meves coques... A mi, l'aldarull ja m'agrada. No li diré una cosa per una altra, perquè —entre hòmens, senyor president— de tant en tant, com aquell que ve de l'horta, claves un pessic a unes bones anques i això aida molt a passar la vida, però hi ha moments que el desori arriba a un punt que enfornaries la parròquia en lloc de les coques!

En fi, senyor president, que en acabar la jornada el forn estava fet una calamitat: closques d'ou per aquí, papers d'estrassa per allà, draps bruts pertot arreu... La Marieta i jo estàvem tan cansats que no vam tenir esma ni de torcar el taulell, i aquesta va ser la causa del desastre. A més, ja havien arribat els amics i parents que treballen a l'obra i tothom es delia per enganxar.

Vam començar de seguideta i tot anava d'allò més bé; cadascú se sabia el seu paper i les coses rutllaven de primera. Només li diré que el Salvador, el pregoner del poble, que fa de malvat, va interpretar la seva part amb tanta convicció que va esglaiar tothom, fins i tot a mi, l'autor de l'obra! Però, si el Salvador va estar formidable, ¿què li contaré de la Marieta? Allò no es veu cada dia! Ningú no hauria dit que cinc minuts abans no podia amb la seva ànima! Quina gràcia de moviments, quina dolçor, quina entonació de veu! Ens queia la bava a tants com érem. Semblava talment una sirena de debò! Jo estava embadalit, pensant en l'efecte que faria el dia de l'estrena, amb el vestit que li està cosint la modista, el qual està, de cintura cap avall, guarnit de lluentons que pareixen escates de peix, quan vet aquí que la Marieta, en el moment més sublim del tercer acte, mentre deia

«Sóc una sirena de plata i cotó,
sóc la sireneta més maca del món»

fent uns saltirons molt graciosos per l'escenari, va relliscar en un grumoll d'oli i rovell d'ou, va caure de la taula i es va fúmer una patacada espantosa. Sort vam tenir, senyor president, d'unes trosses de savina que hi havia a terra, que van esmorteir el cop; si no, s'hi queda. Ahir, el metge li va enguixar el braç esquerre i va passar el dia mig estabornida; avui, es troba millor, però té una cascadura al cos que no es pot ni menar, la pobreta. El doctor diu que n'hi ha, pel cap baix, per a dos mesos.

Deixant de banda la malura que s'ha fet, que és el que més em dol, no em dirà vostè que això no és malastruga. Quan tot era a punt per estrenar l'obra cap a la meitat del mes que ve: el local del cinema, emparaulat, la decoració a mig fer a cal calafat, la roba gairebé enllestida! Tants treballs i sacrificis —perquè no tot han estat flors i violes, senyor president— i li passa això a la Marieta, precisament a ella! Si s'hagués trencat un braç mon cunyat Alexandre no hauria passat res, perquè el seu paper és molt curt (fa d'anguila, perquè tots els personatges que surten són peixos de riu, fora d'un barquer pèrfid —el Salvador— i d'un bernat pescaire): n'hi hauríem ficat un altre i llestos. I, si li he de ser franc, però que quedi entre nosaltres dos, l'obra hi hauria sortit guanyant; a més que mon cunyat és un sòmines, el paper d'anguila no li escau gens ni mica, ja que és baixet, boterut i sembla més aviat un gripau. A qui li anava a mida era a l'estanquer, que és tan llarg i sec que li diem La Sirga, però la paparra de la meva sogra no va callar, burxa que burxa, fins que no vaig donar el paper al fillet del seu cor! Sort que l'estanquer és un noi de bona pasta i es va avenir a fer de bernat pescaire. I no li explico els embolics que vaig tenir amb la decoració i els vestuaris! Quines intrigues, quines embrolles! Cadascú anava a la seva. Si li dic que el lampista, que fa de carpa primera, es va entossudir que volia eixir nu de pèl a pèl i pintat de color de plata! (Ara que hi penso, potser sí que la Marieta té raó quan diu que aquest noi és una mica rarot.) I quan ho havia superat tot, va i falla el més essencial! Perquè *La sirena del Baix Cinca* va ser escrita pensant en la Marieta, i la farà ella o no la farà ningú. I en això, les coses tal com són, la sogra em fa costat.

En resum, que estic ben amoïnat. Només m'ha faltat la visita de l'Heracli Planes per acabar d'atabalarme. Ell ja m'havia dit que a Barcelona es parla molt de

La sirena del Baix Cinca. Veus volanderes han escampat que l'obra —mal m'està el dir-ho— és una peça inspiradíssima, d'allò que no n'hi ha, i els de la capital estan una mica repelosos perquè es temen que només la farem aquí, al poble, i que ells es quedaran amb un pam de nas. A l'Heracli, el tenen fregidet; és tan conegut que l'aturen pertot arreu —a la plaça de Catalunya, a les Rambles, al port— per demanar-li'n notícies. Ell, que és més viu que la tinya, els dóna allargues, però diu que si la cosa segueix així no tornarà més a Barcelona. Ara, el que l'Heracli no m'havia explicat mai, fins avui, és que vostè, senyor president, tenia la intenció de venir a l'estrena, perquè no es vol perdre l'obra per res del món! M'he quedat de pedra picada, amb la pala a la mà, i si no arriba a ser allí l'Heracli, se m'hauria socarrat una fornada sencera de llonguets!

—Només em faltava aquesta! —anava dient jo, desesperat, mentre ell desenfornava—. Quedar malament amb el president! Ara sí que em voldria morir!

—Home, Gregori, asserena't —m'ha dit l'Heracli en enllestir la feina—. No t'ho prenguis tan a la valenta! ¿Quina culpa tens tu que les coses s'hagin complicat, eh? Escolta: el que has de fer és escriure al president explicant-li el que ha passat. Però, fes-ho sense perdre via. L'home està esperant amb candeletes el moment de venir i no estaria bé tenir-lo il·lusionat fins a darrera hora i després, paf! S'afectaria moltíssim! Ahir mateix, sense anar més lluny, mentre fèiem el vermut a la Rambla, no parlava d'altra cosa!

Per això, senyor president, li faig aquestes ratlles. De tota manera, no pateixi; vostè veurà l'obra, paraula de Gregori! Tan aviat com la Marieta es posi bé —i des que li he dit això, pareix que s'hagi revifat— començarem de nou els assaigs i quan tot estigui llest, vostè serà el primer de saber-ho. Només faltaria! Quant a anar a fer l'obra a Barcelona, ara per ara no m'hi puc comprometre; ja en parlarem més endavant. I res més, senyor president. Vostè deu tenir molta feina i no vull entretenir-lo. Au, a conservar-se i records a la família. Una bona encaixada de

GREGORI, EL FORNER

PD. Aprofitaré que l'Heracli ha de fer viatge a Barcelona demà i té intenció d'anar a prendre cafè amb vostè a la Generalitat, per donar-li aquesta carta i una capsa amb mitja dotzena de carambous, que són les mones que fem aquí per Pasqua Florida. Dispensi que em prengui aquesta confiança; és que l'Heracli m'ha dit que vostè és una mica llaminerot. Mengi-se'ls sense cap mania, són dels que fem per als de casa. Ah!, la sogra em diu que el dia que vostè i la família vinguin a veure l'obra es quedaran a dinar amb nosaltres; així que ja ho sap, no es comprometi amb ningú.

L'ESTREMIDORA CONFESSIÓ DE JOE GALÀXIA

(Història de fulletó)

Estimada senyora: segurament la sorprendrà moltíssim rebre aquesta carta després de tants anys que fa que em mantinc en el més estricte —i prudent, tot cal dir-ho— dels anonimats. Tanmateix, les coses no podien anar de diferent manera si volia acomplir la prometença que vaig fer de vetllar per vostè i la seva família, sense exposar, però, la meva pell. ¿Cal que li digui que sóc la persona misteriosa que li ha enviat diners regularment des del 1965? Suposo que en començar a llegir ho ha endevinat; i també suposo que sent la curiositat, ben lògica, certament, de conèixer les raons que m'impulsen a escriure-li ara i confessar-li tota la veritat. Aquestes raons són dues: la primera que la meva pell ja no té, almenys per a mi, que n'havia estat sempre un propietari zelós, cap mena d'importància: quan vostè rebi la present jo seré mort i enterrat, ja que vaig disposar que aquesta carta no se li enviés fins que un servidor no fos a l'altre barri (en acabar de llegir-la, comprendrà que tenia els meus motius per disposar-ho així); la segona raó, conseqüència de la primera, és que d'aquí a pocs dies anirà a veure-la, per última vegada, el senyor Celdoni Mansanet, el notari que tots aquests anys li ha anat lliurant cada tres mesos, amb regularitat de cronòmetre, els diners que han permès a vostè tirar endavant els fills sense angúnies econòmiques. Els metges m'han diagnosticat una malaltia incurable i com que sóc una persona endreçada i escrupolosa, he volgut deixar les meves coses en ordre, i de manera especial aquest assumpte, que ha constituït, des que va començar, la preocupació principal de la meva vida.

Es preguntarà, i motius no n'hi falten, què significa tot això; és natural que el cap li balli. He de reconèixer que si se'm presentés algú a casa, cada dos per tres, a lliurar-me una quantitat, no diré forta, però sí galdoseta, de diners, sense saber qui me'ls envia ni per què, no em sabria estar de fer les meves cabòries ni de sospitar intencions amagades, qui sap si fins i tot tèrboles, de part del remitent desconegut. Per això vaig pensar que la millor solució seria encarregar-ho tot a un notari; així, l'afer tindria una aparença legal que evitaria o, si més no, ablaniria suspicàcies. Tanmateix, donada la naturalesa de la cosa, jo no volia un notari qualsevol, sinó un que encara ho semblés més que els altres. Amb diverses excuses, vaig visitar-ne una dotzena fins que vaig trobar la persona adequada. Ningú millor que vostè pot confirmar la qualitat insuperable de la meva troballa. El senyor Celdoni Mansanet és la quintaessència de la gent de l'ofici; té una fesomia i un posat tan peculiars, un equilibri tan subtil entre inquisidor arnat, sàdic meticulós, canonge lúbric i granota beatífica, que encara que sortís de casa disfressat de mosso d'esquadra, la gent l'aturaria pel carrer per demanar-li escriptures, contractes, auditories i testaments.

Diu molt a favor de vostè que fins i tot aquest inflexible llepafils tingués dificultats a convèncer-la que acceptés els diners sense massa escrúpols. És clar que ell no sabia, ni sap, la veritat, i millor seria que continués a la figuera, perquè un sant baró d'aquesta mena, imbuït de legalitat i armat amb codis, reglaments i pòlisses pot resultar més mortífer que la pesta. D'altra banda, m'imagino que vostè no es va empassar mai del tot aquella història truculenta del fill de l'estafador que restitueix a poc a poc, amb el producte del seu treball, a les víctimes del seu pare —en el cas de vostè, la filla vídua d'un dels estafats— els diners robats pel progenitor. La història, en canvi, feia bavejar amb fruïció el senyor Celdoni i l'obligava a exclamar, cada cop que el visitava per aquest assumpte:

—Vostè és un espill de pietat filial i un ciutadà exemplar!

—Favor que em fa, senyor Celdoni —contestava jo, mentre deixava anar un sospir profund i adoptava un posat de Magdalena compungida, que em semblava d'allò més adient amb el paper del fill honrat, i un pèl babau, d'un estafador sense entranyes.

Comprenc perfectament que vostè, senyora, acabés per accedir tancant els ulls davant certes incongruències. Si fa no fa, som de la mateixa fornada, i segur que a l'escola li van fer llegir també la faula de la gallina dels ous d'or. A més, una vídua amb quatre fills per criar i amb recursos més aviat magres, no es pot permetre de filar massa prim, fora, és clar, dels escarafalls indispensables per guardar les formes. Això ho entendria tothom, amb excepció, per descomptat, del senyor Celdoni.

Quina alegria vaig tenir en saber que acceptava! Perquè només jo, senyora —amb la col·laboració espontània d'un atzar estrambòtic i funest— vaig ser el responsable del seu pas imprevist de l'estat de casada, diguem-ne feliç, al de vídua, diguem-ne inconsolable. Per desgràcia, a l'atzar no se li poden exigir responsabilitats i vaig haver de fer-me càrrec tot sol de les conseqüències d'aquell desastre, del qual, com vostè veurà, tot m'hauria permès desentendre'm amb impunitat absoluta; tot, excepte la meva consciència.

Cal que li digui de camí que vostè i jo no ens hem vist mai de la vida, que no formo part ni dels seus parents, ni dels seus amics, ni tan sols dels seus conciutadans, i l'únic que sé de Berga, la vila on vostè resideix, és el que en diu la *Gran Enciclopèdia Catalana* a l'article corresponent. Suposo que aquestes paraules esbandiran un seguit de cabòries, lògiques, que l'hauran amoïnat aquests anys; però, de retruc, en desvetllaran d'altres sense, en definitiva, aclarir-ne cap. Només li demano una miqueta de paciència; en acabar de llegir aquests fulls, potser abans, atès que intueixo que és una dona intel·ligent, ho veurà tot més clar que l'aigua.

Jo em dic Estanislau Dellasegre, però la gent em coneix més per Joe Galàxia, el meu nom professional. Sempre he estat artista de circ; formava parella amb la meva dona, la Marieta Castells, i fèiem un número que se'n deia «Joe Galàxia i la Dona Obús». Ara que em trobo a les portes de la mort, que és com la gent fina en diu, i vostè em perdonarà l'expressió, d'estar a punt de cascar-la, això em fa somriure, però la veritat és que ens sortia un número rodó, molt arriscat i espectacular. Teníem un èxit darrere l'altre i ofertes a cabassos; ens permetíem el luxe d'escollir els circs on ens abellia actuar i cobràvem el que volíem. Mal m'està el dir-ho, però tot havia estat ideat i fet per mi, que sempre he tingut la mà trencada per a les coses mecàniques. No la cansaré amb detalls tècnics; només li diré que, en essència, la cosa constava d'una mena de canó que funcionava amb aire comprimit. La Marieta feia d'obús: en disparar-se el canó, ella sortia com una bala, passava a través d'una roda de foc penjada sobre la pista i anava a caure a uns deu metres de distància, a sobre d'una palanca, a l'altra punta de la qual estava un servidor. L'impuls de la Marieta em feia sortir projectat a mi, que passava en sentit invers la roda flamejant i feia cap a una cadireta fixada damunt el canó. Allò era un deliri. Quines ovacions, senyora! La gent no es cansava d'aplaudir i havíem de sortir a saludar un sac de vegades. Comprendrà que ens jugàvem el físic cada funció i que el nostre treball exigia valor, sang freda i una precisió infal·lible. Sobretot, calia vigilar que la pressió fos la justa i canviar regularment els cuirs que evitaven les fugides d'aire; la Marieta era el que se'n diu un tros de dona i l'eina se'n ressentia.

Suposo que vostè ha començat a lligar caps, però és més lluny de la veritat del que es pensa. No es precipiti. Ara arribem a la part més esfereïdora.

Es veu que les coses bones no duren gaire i aquella no va ser l'excepció. En poques paraules: un dia, al cap de sis anys de felicitat rodona, sense més esquerdes que alguna avaria del compressor i un embús del canó atribuïble a un sopar massa copiós de la Marieta, vaig descobrir que ella m'enganyava. Sí, senyora; la Marieta, l'amor de la meva vida, la dona per la qual jo ho hauria sacrificat tot, em feia el salt. Va semblar-me que no ho passaria, que em tornaria boig! Ara, amb un peu a la tomba, m'ho miro d'una altra manera, però llavors va ser un cop terrible, esgarrifós, escruixidor, mortal! Un tango, senyora! Vostè pensarà que aquella traïdora s'havia enamorat del domador de lleons o d'un dels trapezistes o de qualsevol altre tipus ben plantat. Si ho pensa, l'espifia de mig a mig. ¿Vol que li digui amb qui m'enganyava? Doncs, agafi's: amb dos dels nans del circ! Tal com ho llegeix: amb dos merdolins esquifits que no pujaven un pam de terra. Quina vergonya!

Passaré per alt les circumstàncies que em permeteren esbrinar-ho i també altres detalls escabrosos. Només li diré que em vaig empassar aquella humiliació sense tartir, que vaig dissimular i vaig permetre que allò continués d'aquella manera, sense que els culpables s'ensumessin que ho sabia tot. Però jo, senyora, ja havia pres una decisió irrevocable: liquidar la Marieta.

¿Sóc un monstre, un assassí? Segurament, encara que tot és relatiu. Tanmateix, ¿vol dir que un home coronat amb quatre banyes —dues per cadascun dels nans— no pot esperar ni un sacre de comprensió, de pietat dels seus semblants, deixant de banda, és clar, el senyor Celdoni? De vegades, dubtava, provava d'allunyar de mi aquella idea, però no podia. El cop m'havia transformat en una fera sanguinària i res del món no podria deturar-me.

No em va costar gaire rumiar la manera de carregar-me la Marieta. Només caldria augmentar la pressió de l'aire comprimit abans d'una de les nostres exhibicions: la meva dona, impulsada per una força molt superior a l'habitual, s'estavellaria contra un dels pals del circ situat justament darrere meu. Tot tindria l'aparença d'un accident laboral: un desperfecte del compressor, una avaria del manòmetre, que jo mateix prepararia, explicarien el desastre. I així em vaig disposar a fer-ho.

Aquella nit desgraciada no se me'n va del cap. Era un dijous. Al circ hi havia poca gent, les grades de general eren gairebé buides. Jo ho tenia tot preparat i, en arribar el moment de la nostra actuació, després de la de L'Home Aranya, un xicot molt eixerit de Mollerussa, vaig sentir que sonava l'hora de la venjança.

—I ara, dames i cavallers, tinc l'honor de presentar el número més sensacional de la història del circ! —anuncià el director—. Amb vostès, Joe Galàxia i la Dona Obús!

L'orquestra va engegar una marxa una mica pocasolta i la Marieta i jo vam eixir a la pista entre els aplaudiments del públic. Mentre saludàvem i ens trèiem unes capes vermelles que portàvem, els mossos van col·locar el canó en el punt apropiat, fent coincidir les rodes amb uns senyals fets a la pista, de manera que quedava apuntat automàticament cap a la roda de foc. Mentre la Marieta pujava per una escala de corda a la boca del canó i s'hi embotia, jo em vaig situar a la palanca, després de calar foc a la roda amb una teia. Van apagar els llums. Només les flames i un focus molt feble il·luminaven l'escena. Enmig d'un silenci espès, el de la bateria va encetar una tamborinada. Jo veia el cap de la Marieta, la lluentor daurada dels seus cabells a la boca del canó i em vaig entendrir. Ja era a punt d'aturar-ho tot i cridar: «Marieta, ho sé tot, però et perdono! Baixa del canó, anem-nos-en i comencem una nova vida!» quan vaig entrellucar els dos nans a la vora de la pista. Aleshores, la còlera em va encegar, vaig abaixar d'un cop la mà dreta, donant al mosso encarregat de fer-ho el senyal de disparar, i vaig remugar, amb ràbia:

—Adéu, bandarra!

Esclatà el petard que augmentava l'efecte de la cosa, el canó es disparà: la Marieta va sortir com una bala, travessà la roda de foc i es va perdre igual que un meteorit en la foscor que voltava la pista.

Deu haver vist, senyora, la sèrie de factors nefastos que van coincidir aquella nit a provocar la catàstrofe. Jo penso que va ser una badada dels mossos, que no van col·locar prou bé el canó, la causa de la desgràcia. Si aquells dropos haguessin estat per la feina, la Marieta s'hauria esclafat el cap contra el pal, com jo havia previst. La sort, però, no va acompanyar-me. Tot va fallar; per mil·límetres, però va fallar, i cap obstacle no va deturar el vol de la meva dona cap a les localitats de general d'aquella banda del circ. Vam sentir un cop tou, barrejat amb un xiscle breu, com el d'un conill. Es veu que la gent pensava que allò era part de l'espectacle i es va quedar a l'expectativa. Tanmateix, quan la domadora de puces es va desmaiar i tots començàrem a córrer en direcció al punt de col·lisió, es va armar la de Déu.

Tothom temia i jo desitjava trobar la Marieta esquarterada en un bassal de sang. No va anar així. Jo mateix li havia ensenyat a caure sense fer-se mal i, encara que aquella vegada no ho va aconseguir del tot, se'n va sortir amb dues costelles trencades, una esgarrapada a l'esquena i un parell de blaus a les anques. Qui no va tenir tanta sort, fou el pobre botiguer de vetesifils de Berga, amb el coll trencat, que vam trobar-li a sota. No cal que li digui, senyora, perquè ja ho sap, que aquell desventurat era el marit de vostè.

Jo, si deixem de banda el cas de la Marieta, sempre he estat una persona de bons sentiments i allò em va trasbalsar. No em podia treure del cap aquell infeliç. Qui havia de dir a aquell botiguer honrat i treballador que, enllestida la feina que tenia a Barcelona i buscant l'innocent esplai d'una sessió de circ, havia d'anar a trobar una mort tan bèstia a la grada de general! Només m'alleugeria pensar que no havia patit gens. La Marieta feia vuitanta quilos, i una baluerna d'aquest calibre llançada a bona velocitat era capaç d'estabornir instantàniament un elefant africà, i no parlem d'un botiguer de Berga, el qual —sigui dit sense intenció d'ofendre— era més aviat esquifidet.

Aquests detalls vostè ja els coneixia, però el que ningú no li podia explicar, fora d'un servidor, era la causa oculta de la tragèdia.

Sé que no tinc perdó, però vaig fer tot el possible per pal·liar la malesa. Passats uns dies, vaig encarregar una investigació discreta. Vaig saber que el difunt deixava dona i quatre criatures, que la botigueta donava poc, que, a vostè, la companyia d'assegurances que cobria els accidents al circ l'havia escanyada sense manies i que quedaria gairebé a la misèria. Aleshores vaig fer el que ja sap.

En canvi, la vertadera culpable, la Marieta, es recuperava com si tal cosa. No es pensi, però, que l'alegria li va durar gaire. Al cap d'un temps prudencial, vaig posar-me en tractes amb un encantador de serps que li va fer la festa, sense desvetllar sospites, per una quantitat molt enraonada. En enviudar, vaig muntar un altre número de molt efecte, també a base del canó, que se'n deia «L'astronauta suïcida». L'èxit va ser fantàstic.

Ara, a punt de morir, he volgut explicar-li tota la història. Vostè i jo ens quedarem més tranquils. El notari, com li deia al començament, anirà a lliurar-li cinc milions de pessetes. Són els meus estalvis i el producte de la venda de tot el que tenia, fora del canó. Li va fer tanta gràcia —qui ho havia de dir!—, al senyor Celdoni, que l'hi vaig regalar el dia del seu sant.

Només em queda demanar-li perdó i dir-li adéu per sempre. Seu

JOE GALÀXIA

PD. Haurà reparat que cada any li incrementava l'assignació d'acord amb l'augment del cost de la vida. Jo hauria estat més generós, però el senyor Celdoni mai no em va permetre apujar-li ni un cèntim més que el tant per cent màxim autoritzat pel govern per a les pensions de vídua.

DEBAT D'URGÈNCIA

—Nois, tinc males notícies. Cal que us digui que la nostra situació no pot ser més crítica; hem arribat a les tres pedretes —digué la imatge de sant Llibori, situada a la banda esquerra de l'altar major, sota dos querubins pintats a l'oli, d'un rosa embafador, que sostenien amb gràcia discutible una garlanda de gessamins i dàlies.

Les paraules inquietants ressonaren per les naus de l'església buida, il·luminada pels ciris de flama groguenca i tremolosa que cremaven als altars. Aquell món tenebrós amb pudor de cera i de resclosit i perfum d'encens va ser sotragat per l'anunci esborronador del sant Llibori; sants i santes, angelets i beats, absorts habitualment en somnis de fusta i de guix, van sortir de l'èxtasi; exclamacions de sorpresa i d'alarma, preguntes angoixades saltaren de capella a capella, entre un enfarfec d'escultures, retaules ennegrits, motllures daurades, columnetes salomòniques, canelobres de llautó i gerros amb flors pansides. Fins i tot en el tríptic anònim del costat de la trona, la casta nuesa del pit d'una màrtir a punt de ser devorada pels lleons va agitar-se amb un batec incipient i suggestiu, cosa que va obligar el sant Hilari, una mica a repèl, a desviar la mirada cap a un relleu de marbre, on uns quants serafins, inofensius i sedants, tocaven arpes, flabiols i lires.

Només el sant Cassià, una talla de fusta embotida en un nínxol, va continuar impassible, amb la mirada perduda en qui sap quines visions beatífiques, enmig de l'esverament general.

—Cassià! —va cridar el sant Llibori.

L'altre va continuar embadalit.

—Cassià!!!

—¿Què passa? —preguntà a la fi amb una veuota desentonada.

—Que dic que la situació no pot ser més crítica!

—¿Que em volen oferir una missa?

—No, home! Que dic...

—Deixa-ho córrer, Llibori; no te'n sortiràs —va intervenir la imatge de sant Pasqual, veient que l'altre perdia la paciència—. No s'assabenta de res. Es veu que la quera que tenia a l'orella dreta ara li ha passat a l'esquerra i li està rosegant la campaneta. D'aquí a quatre dies estarà més sord que una espardenya.

—¿Què has dit que hi té, a l'orella, Pasqual? —va preguntar la santa Casilda, una mica esverada.

—Una quera.

—¿I què és això?

—Un corc.

—¿Un corc? Ai, senyor! M'han dit que aquestes bestioles són d'allò més contagioses i jo no estic vacunada! ¿Voleu dir que no ens ho encomanarà i provocarà una epidèmia? L'hauríem de posar en quarantena.

—No siguis bleda, Casilda —replicà el sant Pasqual—. De queres, només en podem patir les imatges de fusta, i tu ets de guix.

—Ja hi som! Ja ha sortit allò de les classes socials! ¿Em vols explicar quina culpa hi tinc jo si la parròquia que em va encarregar era pobra i a aquella gent amb prou feines els donava per guix? ¿Eh? ¿O és que per això sóc menys imatge que les altres?

—Dona, no ho agafis per la punta que crema —digué l'altre, conciliador—. Jo no et volia ofendre.

—Sí, sí... El que passa és que si una no treu les ungles, de camí et fan passar el trill per l'esquena. I ja en tinc el pap ple, de discriminacions i favoritismes! ¿Saps per què no sóc a la catedral de Lleida, jo? Doncs, perquè quan vaig sol·licitar una plaça que hi havia vacant, les imatges romàniques protestaren. Es tenien a menys de ser al meu costat i no van parar fins que aconseguiren que em deneguessin la sol·licitud i, per reblar el clau, m'enviessin aquí, a un poble de descreguts. I encara parlen d'igualtat. Estem ben amanits!

—Au, ja n'hi ha prou, d'aquest color —va tallar el sant Llibori—. Deixeu-vos estar de discussions, que així no anirem enlloc. Si comencem amb baralles no acabarem mai. I ara, anem per feina. Us deia abans que la situació no pot ser més crítica...

—No sabeu la il·lusió que em fa que m'ofereixin una missa! —va interrompre el sord, a crits—. Fa tant temps que no em passava, això! La devoció havia anat molt de baixa en aquest poble. Sobretot des que van guanyar les eleccions aquests que en diuen del Front Popular!

—Sí, home, sí. Et volen oferir una missa. I amb

quatre capellans! —cridà el sant Llibori, una mica nerviós—. I ara, calla i no m'atabalis!

—Què dius?

—Que callis!

—No, les tres de la matinada em sembla massa aviat. No vindrà ni una ànima!

Quan el sant Llibori estava a punt de sortir de polleguera, uns quants acords de l'harmònium es van despenjar del cor.

—Renoi! Només em faltava aquest. Escolta, Pere: ¿et faria res deixar la música per a més tard? Ho dic perquè ara parlem de coses molt serioses i no estem per concerts.

En sentir les veus del sant Llibori, l'espectre de Pere Santacreu, sagristà bufagateres i fantasma titular de la parròquia, va retirar les mans del teclat i es quedà immòbil, esperant el permís per continuar el concert quotidià, el qual començava sempre a tres quarts d'onze de la nit, fora dels dijous, dia en què feia la partida d'escacs amb l'enterramorts i es prenia festa.

—Ai!, si no fos que el Llibori assegura que els moments són tan i tan crítics, li diria al Pere que toqués *El Danubi blau* —sospirà una santa Quitèria situada prop de la porta i que es passava les hores mortes mirant-se a la pila de l'aigua beneita—. M'agrada tant, el vals!

—Aquesta Quitèria sempre ha estat una frívola —remugà la imatge de santa Polònia, d'estil gòtic tardà, a l'orella del bisbe Godofrè, una talla tràgica d'escola castellana, de mirada febril i membres descarnats que es dessagnava per les ferides del martiri—. Ja li daria jo, ja! Sí que tindria bon vals! Cilicis i dejunis! Perquè, creu-me, Godofrè, això del vals és un invent del dimoni! L'altre dia, aquest Pere va tocar-ne un i allò era una incitació a la concupiscència, la lubricitat i la disbauxa! Em va agafar un pessigolleig a l'espinada que, encara que et costi de creure, va estar a punt de fer-me riure, i ja se sap que el riure és un parany de Satanàs. Només et diré que per espolsar-me les temptacions vaig haver de flagel·lar-me una setmana seguida. Això ho hem d'atallar, Godofrè; si deixem passar el vals, després demanaran allò que en diuen un xarleston, o una rumba, que encara és pitjor, i al cap de quatre dies aquesta església semblarà un ball de patacada.

—La joventut està perduda, Polònia —sentencià la veu escardalenca del bisbe—. I això passa perquè hem estat massa tous; ens hem deixat anar i l'enemic se n'aprofita. Jo sempre ho he dit: massa llibertat!

—Ja ho pots dir, ja —replicà la gòtica—. El mal s'infiltra pertot arreu. Només ens va faltar la República! I si només fos la política, rai! Però, ¿recordes que es va descobrir, fa dos o tres anys, que aquell angelet d'una església d'un poble de per avall, que tenia fama de trobar nuvi a totes les fadrines, era en realitat un Cupido romà?

—Calla, Polònia; no m'hi facis pensar! Quin escàndol! Tenir la competència dins de casa!

—Doncs, escolta: fa unes setmanes, el rector d'un poble de la ribera del Cinca va dur a restaurar la imatge de la patrona i, ¿saps què van descobrir, els restauradors?

—No m'esveris, dona! ¿Què?

—Que es tractava d'una estàtua de marbre de l'Afrodita! ¿Saps qui vull dir, oi? Aquella pocavergonya de Grècia...

—¿Què dius, ara?

—El que sents. I qui sap els segles que feia que la múrria era allí, disfressada de santa! Ara s'entén el que passava en aquell poble: les dones es pintaven, anaven sense mitges i escotades; la gent acudia al ball cada diumenge; totes les parelles feien Pasqua abans de Rams... Una orgia!

—Quina barra! Suposo que el capellà haurà fet trencar a cops de martell aquesta meuca. Sempre he dit que la depuració dels pagans no es va fer a consciència i ara en toquem les conseqüències. Quan recordo els temps de la Inquisició, m'agafa un enyorament de no passar-ho. Aleshores les coses anaven bé! ¿Recordes, Polònia, aquells autos de fe, aquelles olors d'heretge a la brasa, d'infidel rostit, de jueu a la llauna? I ara, mires, i ¿què veus? Afrodites, repúbliques, eleccions, disbauxes... Massa llibertat, massa llibertat! No tenim senderi! Anem de cap al desastre!

—Ja ho pots dir, Godofrè; tens més raó que un sant.

—Xiquets —va insistir el sant Llibori, empipat—. Si no calleu, no farem res de bo. Això sembla can seixanta.

—Apa, nois! —ajudà el sant Pasqual—. A veure si parem una mica d'atenció i no aprofitem que Nostre Senyor i la seva mare són a prendre les aigües a la Fontcalda per portar-nos malament i fer barrila, igual que els alumnes quan no hi és el mestre!

—Gràcies, Pasqual. Bé, com deia abans, la nostra situació no pot ser més crítica.

—Que bé parla! —sospirà la santa Quitèria, embadalida—. Sembla un predicador!

—Muts i a la gàbia! —manà el bisbe, severament.

—Us he de comunicar, per encàrrec del senyor rector, que l'exèrcit d'Àfrica s'ha rebel·lat contra el govern i que moltes guarnicions de la península s'han sumat a la rebel·lió. Això vol dir que el país està dividit, a hores d'ara, en dues zones: la que continua fidel a aquesta odiosa República i la que dominen els nostres, els militars rebels.

—Ja era hora! —exclamà el bisbe—. A veure si ara tornem a restaurar l'ordre i els valors morals!

—Molt bé!

—I fem una bona neteja!

—I podem sortir en processó una altra vegada!

—Fora la República!

—Fora, fora!

—Jo no cridaria tant —suggerí l'orador—, perquè dóna la casualitat que nosaltres som a la zona republicana.

—¿Què dius?

—Sí que l'hem fet bona!

—Ai, senyor! ¿Voleu dir que ens hauran sentit?

—I això significa —continuà el sant Llibori— que ens trobem dintre un vesper, voltats de socialistes, comunistes, anarquistes, maçons i tota mena de gentussa, que ara es voldrà venjar de nosaltres.

—El món és ple de desagraïts!

—Ens rebel·lem pel seu bé i ens ho pagaran amb guitzes!

—Cria corbs...

—Em sembla que estic a punt de desmaiar-me —gemegà la imatge de santa Quitèria.

—Mira, nena, ara no muntis el número, eh? —digué la santa Casilda—. Ja tindràs temps de fer-ho quan ens calin foc o ens llencin al riu.

—Senyoretes —remugà el bisbe—, mantinguin la dignitat! ¿Què vol dir això? Si hem d'anar a la foguera, ho farem amb el cap ben alt. Senyor Llibori, ¿on és el rector?

—Ha fugit aquest capvespre disfressat de pagesa, amb un mocador al cap i un cartró ple d'albergínies, per dissimular.

—Mira que bé! —exclamà, sarcàstica, la santa Casilda—. I els altres ja s'ho faran!

—No et fiquis amb ell, ¿eh? —va replicar la santa Quitèria—. Tots sabem que no et resultava simpàtic, perquè mai no et feia treure a les processons.

—Quitèria, para compte que...

—Senyoretes, m'obligaran vostès a posar-les de cara a la paret! —amenaçà el bisbe.

—Ara no és el moment de discutir ni de treure els drapets al sol —intervingué el sant Llibori—. El que cal és rumiar la manera de passar la maroma fins que arribin els nostres, atès que no podem esperar ajuda de ningú. Si algú té alguna idea, que la digui, però sense perdre via.

—Podríem fer un miracle —suggerí una veu des de l'absis.

—És clar! Podríem fugir volant!

—Proposta rebutjada —tallà el sant Llibori—. No

tenim temps. Tots sabeu els tràmits que cal seguir per obtenir autorització per fer un miracle: instància, per triplicat, acompanyada d'un certificat del rector assegurant que la persona que ha de rebre la gràcia observa bona conducta religiosa, moral i sobretot política; certificat de penals, informe favorable de la comissió tècnica del departament corresponent, etc., etc. I no cal que us expliqui com funciona la burocràcia, ¿oi? Tot plegat, dos mesos, anant bé! Això si després no es barregen els expedients, com aquell cop que vaig demanar permís per curar un gra que li havia sortit a l'alcalde al clatell i em va arribar una autorització per enviar una plaga de llagosta als camps de blat de Rússia.

—No pretengui esbrinar els designis secrets de la Providència, senyor Llibori —va renyar el bisbe Godofrè—. Si la cosa va anar així, algun motiu hi havia!

—Molt ben dit! —exclamà la gòtica—. Només faltaria que qualsevol es permetés criticar les decisions de la jerarquia!

—Calleu! Sembla que entra algú.

Una de les portes laterals, la de la banda de l'evangeli, s'havia obert amb un xerric i una dona vestida de negre, amb un mocador al cap, es va esmunyir de pilastra a pilastra fins a l'altar de sant Antoni Abat; allí va encendre un ciri que portava, l'embotí en un canelobre de bronze als peus de la imatge i, després d'estar-se un moment davant l'altar, però, sense agenollar-se, es va escapolir, lleugera i silenciosa com una fura.

—¿Qui era?

—¿Què ha vingut a fer?

—¿Hi ha notícies?

—Au, Toni, parla!

—Era la Caterina, la del carrer del Castell —digué, a la fi, la imatge del sant Antoni.

—¿La bruixa?

—Sí senyor, ella mateixa.

—¿I què volia, si es pot saber? —va preguntar el sant Llibori, enmig de l'esclafit de veus escandalitzades que va provocar la revelació de la identitat de la visitant.

—Proposar-me un tracte.

—El que ens faltava!

—No volem tractes amb bruixes!

—Fins aquí podríem arribar!

—Que la cremin!

—Ai, senyor! —es queixà la santa Quitèria—. No parleu de foc, si us plau, que se'm posa la pell de gallina!

—Feu el favor de no avalotar i deixeu que el Toni s'expliqui.

—És molt senzill. La somera de ca Tomàs de Castelló s'ha posat malalta; com que es veu que el manescal també s'ha fet fonedís, el mateix que el capellà, i la pobra bèstia està a punt de morir-se, han avisat la Caterina, a veure si la cura amb un encantament. Però, no se'n surt. Les seves especialitats són els filtres d'amor, la quiromància, el tarot francès i coses per l'estil. De someres, no en sap res. Ha provat a dir-li l'oració de les prenyades, per fer alguna cosa, però la bèstia no millora. I la Caterina ha vingut a proposar-me que si jo, que sóc el patró dels animals, la faig quedar bé curant la somera, ella em farà un encantament que em tornarà invulnerable al ferro, l'aigua i el foc.

—Quina barra!

—És una pocavergonya!

—Una aliada del dimoni!

—Però m'ha dit que, si m'hi avinc, que no badi, perquè sap de bona font que no arribarem a la matinada.

—Que es mori la somera!

—I la Caterina!

—A les graelles!

—No us precipiteu —aconsellà una veu prudent—. ¿Voleu dir que no valdria la pena estudiar això de l'encantament contra ferro, aigua i foc? Posant com a condició que ens el fes a tots, és clar.

—¿Tractes amb una bruixota? Ni parlar-ne! —sentencià el bisbe Godofrè.

—A més, ja hem aclarit que no hi ha temps per a miracles!

—Aleshores, ¿què hem de fer? ¿Esperar que ens calin foc?

—Escolteu —digué el sant Llibori, després d'aclarir-se la gola amb un parell d'estossecs—. Jo penso que, de la manera que estan les coses, l'únic camí que ens queda, encara que ens resulti dur, és intentar la negociació amb els republicans. ¿Què us pareix? Al capdavall, la gent del poble ens coneix de tota la vida! Sense anar més lluny, Esteve, el líder dels anarquistes, va ser escolà un grapat d'anys quan era petit.

—Aquest és el mal —filosofà la santa Casilda—. Que ens tenen clissats! Malgrat tot, no tenim cap més opció i el cas és guanyar temps. Potser, mentrestant arribaran els nostres. I després...

—Ai, després!

—Que s'esperin!

—Aleshores, ¿què fem? ¿Negociem?

—Sí, sí!

—Jo també hi estic d'acord.

—I jo.

—El cas és salvar la pell!

—Traïdors! —cridà llavors el bisbe—. Són vostès uns traïdors, uns covards i, encara pitjor, uns renegats!

—Molt bé, Godofrè, així parlen els hòmens! —animà la gòtica—. Canta les quaranta a aquesta colla de gallines!

—Tanmateix, no se'n sortiran! —continuà l'altre—. Aquí estem aquesta senyora i jo per evitar-ho. ¿No els fa vergonya negociar amb aquesta gentota d'esquerres? M'estimo més anar al riu o a la foguera que rebaixar-me així! Abans tió que botifler! Perirem amb honor. I li recordo, senyor Llibori, que el degà d'aquesta parròquia sóc jo i que mai no permetré...

L'estrèpit d'un vitrall en saltar fet miques, seguit immediatament de l'espetec d'una escopeta, va tallar l'abrandada diatriba del bisbe Godofrè.

—Hòstia! —va cridar algú—. Un pèl més a la dreta i m'afaita en sec!

—¿Qui ha estat aquest blasfem malparlat?

—El sagristà, senyora Polònia, el sagristà! —acusà, amb veu de faldilletes, el beat Eliseu, que era un llepa.

De fora, entrà un avalot confús que ofegà els improperis de la gòtica.

—Em sembla que ja vénen! —va exclamar un sant Manuel.

—Ja he tornat a adormir-me —remugà el sord, enmig del terrabastall—. Tanmateix, si no fos que he sentit tocar a missa, diria que no és ni mitjanit.

—Que ens agafi confessats! —somicava santa Quitèria.

Tanmateix, malgrat l'esverament de les imatges, l'agitació als carrers de la vila en aquell moment encara no passava d'una cercavila un pèl entramaliadota i havia estat un atzar —digueu-ne, si voleu, anticlerical— el responsable que el plom de l'escopetada hagués encertat el vitrall de l'església. D'altra banda, convertir un grup de gent enjogassada en una turba revolucionària implica el seu temps i va transcórrer ben bé mitja hora entre el somiqueig de la santa Quitèria i l'instant en què —exaltada per una arenga magistral de Pere Pei, sastre d'ofici, en la qual les consignes subversives es barrejaven insidiosament amb al·lusions malèvoles a les idees polítiques de l'altre sastre del poble— la multitud decidí anar per feina i s'encaminà a la plaça de l'església. En aquella mitja hora, però, al temple havien passat moltes coses; així que, quan el tropell de gent hi entrà i arribà arran de les piles de l'aigua beneita —en les quals més de quatre desmemoriats van sucar els dits i es van senyar— tothom es va quedar petrificat per la sorpresa. Tots els lampadaris, llànties, xinxetes, llanternes i ciris eren encesos i de la cúpula queia una pluja de paperets vermells, grocs i morats, mentre la veu del sant Llibori ressonava igual que un tro:

—Companys, després de segles i segles d'opressió i obscurantisme, ha arribat l'hora, tan esperada, del nostre alliberament! Aquests instants gloriosos quedaran gravats per sempre en els nostres cors! Companys, saludem els nostres llibertadors! Crideu amb mi: visca la República!

I totes les imatges —excepte el bisbe Godofrè, la gòtica, el beat Eliseu i el sord, que algú havia tancat després d'emmordassar-los a l'armari de la sagristia, sota un pilot de casulles, albes i capes pluvials— van contestar, al temps que l'espectre del sagristà bufagateres començava a tocar l'himne de Riego.

—Visca!!!

HISTÒRIA DE DIES SENARS

En aquell temps jo compartia les golfes d'una casa del carrer de Girona amb un gat que es deia Caius. Em trobava sense feina i per viure pintava en sèrie batalles navals, postes de sol i paisatges amb cérvols, pels quals em donaven una misèria. Tot just per mal menjar i pair pitjor.

De nit escrivia històries de gent senzilla i parlava amb el gat. Caius era un felí de fumeral; un pòtol voltateulades avesat a viure al dia i a esquivar el cop de pedra. Això l'havia fet molt comprensiu i es passava hores escoltant les meves cabòries.

—Ja veuràs, Caius. Un dia tothom llegirà les meves històries. Llavors em casaré amb una noia ben bonica i viatjarem pertot arreu. Visitarem França, Itàlia, Anglaterra... Anirem fins i tot a la Xina!

El gat, assegut damunt la taula, em mirava de fit a fit. A estones movia lentament la cua i aclucava l'ull esquerre.

Sovint, després d'aquestes converses, ens deixàvem caure a La Perla de Cuba a veure els nostres amics. Si no, eixíem al terrat a sorprendre els somnis de la ciutat adormida. Del port ens arribaven els sons de misterioses sirenes de vaixells.

—¿On deu anar aquest, Caius? ¿A l'Àfrica? ¿Als mars del Nord? ¿Potser a les Antilles...?

De vegades fugíem de casa i vagabundejàvem tota la nit pels carrers.

Un matí, tornàvem d'una d'aquelles excursions nocturnes. Estàvem molt contents, perquè la sortida havia estat aprofitada. Ens havíem fet amics d'un vigilant que sabia un sac d'històries de bruixots i de núvies abandonades. A l'estació de França vam veure la malenconiosa sortida dels trens nocturns. Clarejava quan badàvem al Born, mentre descarregaven els camions de verdures i fruita. Allí, una peixatera maternal que ja ens coneixia d'altres vegades i sabia que érem artistes pobres havia regalat una sardina a Caius. Cap a les set vam seure en un banc fins que havien començat a regar els carrers. Això ens agradava molt. Era un goig tornar a casa per les voravies mullades i mirar la gent.

Silvestre, el cec, ja cantava els iguals a la cantonada. El vam saludar.

—Fa dies que no heu vingut a La Perla de Cuba —ens va dir—. Us trobem a faltar.

—Aquesta nit hi anirem —li vaig prometre.

Abans de pujar a les golfes vaig proposar al gat d'anar a veure l'aparador d'uns encants que hi havia davant de casa. Ja feia almenys dos mesos que no ens hi acostàvem a batxillerejar i jo en tenia ganes. Aquell món polsós, tronat, en el qual s'amuntegaven totes les endergues imaginables —cadires amb una pota de menys, un saxòfon ple d'abonyegadures, gramoles de maneta, canelobres, quadres, armaris de lluna amb miralls entelats d'enyorança— adquiria, a través de la brutícia immemorial dels vidres de l'aparador, aparences irreals i misterioses.

De primer cop no vam veure res de nou. Després de saludar cortesament un maniquí amb bigoti i pitrera emmidonada que hi havia a l'esquerra, vam donar una ullada distreta a uns quants caps de cartró arrenglerats damunt una vella taula. Ens va semblar que eren els de sempre —el pirata guerxo, la bruixa, el senyor amb ulleres i el pallasso enze— i, sense fixar-nos-hi més, vam continuar tafanejant. Ja ens n'anàvem quan vaig mirar altra vegada, no sé per quina raó, la renglera de caps. Aleshores vaig adonar-me que n'hi havia un de nou, entre el pirata i la bruixa.

Era un cap de mitjana edat i portava perruca. La fesomia era d'un realisme aclaparador, tant que, quan ens va fer l'ullet, no ens va sorprendre mica. Per un moment vam sospitar que no fos el botiguer que ens volia prendre el número, però l'home llegia tranquil·lament el diari al fons de la botiga. Mentrestant el cap ens va somriure.

Vaig calcular ràpidament l'estat de les meves finances. El resultat era desolador. Cent cinquanta-tres pessetes. I érem dimecres. Això volia dir que amb aquells diners havíem de passar fins dissabte, dia que cobraria, si les cobrava, les batalles navals i els paisatges que m'havien encarregat a La Cornucòpia Daurada. Vaig fitar el gat de cua d'ull; a continuació el cap de l'aparador.

—Caius, aquesta setmana també la passarem estreta.

I vam entrar.

—¿En què us puc servir, jove?

—Vull comprar aquell cap que teniu a l'aparador.

—¿El de la bruixa?

—No. El del costat. Aquell de la perruca.

—Ui, jove! No demaneu pas res... Aquest cap és una peça històrica!

—Ja.

—Una relíquia!

—¿Què em dieu?

—El que sentiu. És una copia del cap del rei de França.

—Caram! ¿I de quin?

—Coi, de quin, de quin! Sembla mentida. ¿És que no sabeu que, del rei de França, en diuen Lluís? Doncs bé, això és una reproducció del seu cap. Una peça que no té preu!

—Us en dono cinc duros.

—No la deixo ni per mil.

—Quatre!

—No correu tant, jove. ¿Quants duros havíeu dit la primera vegada?

—Cinc.

—¿Us l'embolico?

Una vegada a les golfes, vaig desfer el paquet que ens havia donat el botiguer. El cap, es veu que enlluernat, va parpellejar una estona. Donà una ullada a dreta i esquerra, fins allí on li permetia el joc de les ninetes. Després ens va mirar al gat i a mi, que érem al seu davant, i somrigué.

—¿Sou pintor, vós?

A desgrat que ja ho esperava, em va produir una

sensació estranya sentir-lo parlar. Tenia la veu agradable, una mica deixatada, com la dels discos antics, i pronunciava les erres a la francesa.

—Em guanyo la vida així —vaig contestar—. I us prego que no mireu aquestes porqueries. Aquest és un gat amic meu. Es diu Caius i també viu aquí.

—Encantat. ¿Parla?

—Caius és massa intel·ligent.

—Comprenc. Bé, jove. Us agraeixo molt el que heu fet per mi. Sense vós, no sé pas el temps que hauria estat en aquell aparador. I mireu que se n'hi atura de gent! Em passava les hores fent l'ullet a tothom. Ni em veien. Tanmateix, un dia, vaig despertar l'atenció de dues monges. Es van passar una bona estona mirant-me amb la boca oberta. Jo no m'explicava aquell interès, perquè ni tan sols els havia fet l'ullet, a fi d'evitar interpretacions malicioses. Em vaig inquietar. Al capdavall les monges van entrar a la botiga. Vaig parar l'orella per esbrinar de què es tractava. Aterridor. M'havien pres pel cap de sant Bartomeu i em volien per posar-me a la capella del convent, entre una imatge de santa Caterina i una altra de sant Esteve. Vaig passar una estona angoixosa. ¿Imagineu el que hauria estat el meu destí? Tot el dia suportant que si matines, que si nones, que si vigílies... I no us dic res de la pudor dels ciris, jo que sempre he tingut una pituïtària d'allò més sensible! Per sort, les monges i el botiguer no es van entendre en el preu. Quan les vaig veure sortir, em vaig sentir tan alleugerit que aquell vespre van semblar-me àdhuc suportables els concerts nocturns del botiguer.

—¿Que roncava?

—Pitjor que això. Tocava el clavicordi. Un cas de vocació per la música. De nit, després de tancar la botiga, l'home es dedicava a compondre sonates fins a la matinada. Espantós, jove, espantós. Tant que, fins i tot al cap que tenia a la meva dreta, que era totalment insensible a les coses de l'esperit, aquell desafinament li produïa tics nerviosos.

—¿Quin cap? ¿El del pirata?

—Banquer, jove, banquer. No sigueu tan càustic. Cal matisar.

Vam callar una estona. Del carrer pujava el soroll de ferro vell dels tramvies. Caius anava agafant confiança amb el cap i li flairava una orella.

—¿Puc demanar-vos un favor?

—Digueu.

—¿Us faria res treure'm la perruca?

Era un postís com els que portaven els cortesans francesos de finals del divuit. Les arnes gairebé se l'havien menjada i entre els cabells flàccids vaig trobar-hi palletes, teranyines i mitja dotzena de mosques mortes.

—És ben tronada aquesta perruca —vaig dir-li.

—Ja ha fet el seu servei, la pobra. La porto des de la Revolució Francesa.

—Ja són anys! ¿I què hi fèieu, vós, a la revolució?

—Era marquès.

—Jo estic per la democràcia —vaig advertir-li, per si un cas.

—No cal que feu cap declaració de principis, jove. Tot allò és cosa passada.

El crani afaitat del marquès semblava una closca d'ou. Vaig témer que no agafés fred, malgrat que érem a l'estiu i feia molta calor.

—¿No us refredareu, ara? Treure-us així, de sobte, la perruca després de quasi dos segles de portar-la nit i dia, pot ser perillós. Si voleu, puc deixar-vos un barret tirolès.

—¿Refredar-me jo? Sóc un pensador, jove, i estic per damunt d'aquestes misèries corporals. Us agraeixo la bona intenció, però el barret no em fa cap falta. D'altra banda, tampoc no tinc problemes d'alimentació ni de vestits, com la gent normal. En aquest aspecte, per mi, no cal que passeu cap angúnia. Resulto més aviat econòmic.

Era gairebé migdia i, entre unes coses i altres, jo no havia fet res. Les teles a mig pintar s'amuntegaven al costat del cavallet. Havia d'acabar-les. Arribar fins al dissabte amb els diners que teníem encara es podia aconseguir amb penes i treballs, però estirar cent vint-i-vuit pessetes tota una altra setmana era gastronòmicament impossible.

—¿Us fa res que em posi a la feina? —vaig preguntar-li—. He d'acabar aquestes porqueries.

—Per mi no passeu pena. Feu el que us sembli. Jo, per la meva banda, meditaré. Però suposo que dinareu abans de començar, ¿oi?

—Estem més aviat desganats, avui.

El marquès va envermellir.

—Sento moltíssim haver desnivellat el vostre pressupost.

—No us hi capfiqueu. Sovint ens passem dies sencers sense menjar. I no perquè ens faltin diners, ¿oi Caius? És que ens sentim el cap més clar.

Vaig posar-me a la feina com un boig. El cap havia tancat els ulls i semblava abstret en profundes reflexions. Tanmateix vaig sospitar que, a estones, feia la becaineta.

Fosquejava. Jo havia avançat molt la feina. Em sentia fatigat. Vaig llançar pinzells i espàtules a un racó i em vaig ajeure a terra. La frescor de les rajoles em descansava.

—¿Heu meditat molt, marquès?

—Bastant, però us he de confessar que també he fet una bona migdiada. ¿Sabeu el que és poder dormir sense que et despertin les pífies del clavicordi del botiguer?

Va fer-me bona impressió la seva sinceritat de dir que havia dormit. Després de sopar, vaig recordar que havia promès a Silvestre, el cec, anar a La Perla de Cuba. Vaig preguntar al marquès si volia venir amb nosaltres.

—Som-hi! —va contestar—. Tinc ganes de parlar amb la gent.

Tapat amb paper de diari, vam posar-lo dintre un cistell i vam sortir. Al carrer, un airet de mar movia les fulles dels arbres.

La Perla de Cuba era a la mateixa cantonada on Silvestre, el cec, assegut en una cadira d'estisora, cantava cada dia els iguals amb veu resignada.

Quatre taules velles, despintades, i set o vuit cadires

eren tot el mobiliari del bar. De nit, La Perla de Cuba, transformada en dormitori, es poblava de somnis. Desideri, l'amo, dormia sempre damunt de dues taules juntes; el cec, dalt del taulell. Jim, l'enllustrador, no tenia lloc fix. Era un inquiet. El mateix es gitava davall les bótes del vi que sobre una fila de cadires i tenia uns malsons esgarrifosos on es veia de canonge amb panxa, cantant misses de rèquiem al cor d'una gran catedral llòbrega i deserta. Per la seva banda, Desideri somiava que dirigia càrregues de cavalleria de gran estil a la guerra franco-prussiana de 1870. Amb els seus crits d'atac espantava Rebeca, una gata romàntica que posava els ulls en blanc quan veia Caius. El cec sempre tenia un somni molt senzill: algú li mullava els ulls amb aigua fresca.

De fora ja vam sentir Desideri que contava allò del Rin.

—Va ser formidable! Al front del meu regiment d'hússars prussians, em vaig llançar a l'atac contra l'avantguarda francesa. Mal m'està el dir-ho, però càrregues de cavalleria de tant d'estil com aquella es poden comptar amb els dits d'una mà... Pobres francesos! Els vaig deixar tan fotuts i em van fer tanta llàstima que, l'endemà, em vaig passar a la seva banda per ajudar-los contra els prussians.

—Quina generositat! —s'exclamà Jim.

—Què hi voleu fer —respongué Desideri—. Un és així...

—¿I no vau dir cap frase cèlebre? —esquellejà Torrents, un dramaturg que de tant en tant es deixava caure per La Perla de Cuba—. En ocasions com aquestes sempre fan molt d'efecte.

—Ja ho crec que la vaig dir! ¿O potser us penseu que bado, jo? El que passa és que als llibres no hi ve. Feia dos dies que jo m'havia passat a la banda dels francesos, els quals, no cal dir-ho, ja m'havien fet coronel d'un regiment de dragons. Esperàvem un atac dels prussians, i jo vaig tenir un mal pressentiment. Va ser llavors que vaig dir la frase al cuiner que, a hores lliures, feia de banderer del regiment.

—¿Al cuiner? —s'esbalaí el dramaturg.

—És clar que sí, home. ¿A qui, si no? Sembla mentida que, a l'edat que teniu, encara no us hàgiu adonat de la importància que tenen els cuiners al llarg de la història. Darrere de cada esdeveniment històric, sobretot de les guerres, hi ha sempre un cuiner. És cosa sabuda.

—¿I què li vau dir?

—Home! Repetir una frase cèlebre no té gràcia. És el moment el que compta, la situació...

—Ja ens en fem càrrec, però de tota manera ens agradaria sentir-la.

—Doncs bé. Ja que insistiu... Em vaig acostar al cuiner i li vaig dir: «Monsieur Dupont, aquests prussians ens faran la punyeta».

—Admirable!

—Quin laconisme!

—Profètica!

—No n'hi ha per a tant —va dir Desideri, modest.

En aquell moment vam entrar nosaltres. Silvestre, el cec, va aixecar el cap com preguntant qui era. Dalt del taulell, la gata Rebeca va adoptar un posat interessant per enredar Caius.

—¿Què porteu dins el cistell? —em preguntà Desideri.

Els vaig fer patir una estona. A la fi vaig destapar el cistell. El cap, tot somrient, es va mirar els meus amics, que l'observaven encuriosits.

—¿Què és? ¿Què és? —preguntava Silvestre.

—Sembla un cap —va aclarir-li l'enllustrador.

Vaig fer les presentacions. Cada vegada el marquès s'excusava polidament:

—Dispensi si no li dono la mà. No és pas per orgull.

—Sense compliments —va dir Desideri—. Aquí, com a casa. Escolteu, ¿per casualitat no hauríeu estat a la batalla de Sedan, vós? Em sembla que us tinc vist.

La resposta negativa del marquès va semblar que desil·lusionava una mica el cafeter. Tothom va seure. Teníem el marquès en un cantó de la taula, al costat de Silvestre. Com sempre, Desideri ens va fiar una ampolla de rom, i de camí es va lligar conversa.

El dramaturg va explicar que no li eixia el tercer acte de l'obra en la qual treballava.

—Feu-la només de dos —va suggerir el marquès—. Ningú no se n'adonarà. I si algú se n'adona, callarà per por de fer el ridícul.

El marquès havia caigut molt bé a La Perla de Cuba, i la conversa fluïa. A estones, quan es feia un silenci, es podia escoltar el plany de l'enllustrador.

—¿Qui sóc jo? ¿Quin és el meu paper en aquest món?

—Vós i els vostres problemes! Si haguéssiu estat a Sedan...!

Jim era un home en crisi permanent, obsessionat per dubtes essencials. El seu problema bàsic era trobar-se a ell mateix i per això canviava molt sovint d'ofici. Havia estat clarinet en un conjunt de jazz a Nova Orleans, guerriller a Xile, pirotècnic a Hong-Kong i conductor de caravanes a l'Àsia Central. Ara era enllustrador, però tots ens temíem que no hi duraria gaire. Qualsevol dia es faria fum. Al cap d'un quant temps rebríem una de les seves formidables cartes anunciant que s'havia fet venedor de babutxes en algun basar d'Orient, pescador de bacallà als mars del Nord o bruixot en alguna tribu africana. Qualsevol cosa.

Va ser Silvestre qui va fer la pregunta que a tots ens cremava i que ningú no gosava formular.

—Escolteu —va dir al marquès—. ¿Què n'heu fet, del vostre cos? Vaja, si es pot saber!

—És tota una història i em fa por avorrir-los.

—¿És d'acció? —va voler esbrinar Desideri.

—Una mica de cada cosa.

—Doncs, avant!

—Tot va començar quan la caiguda de l'Antic Règim a França. En aquell temps jo era aristòcrata, no pas per vocació, sinó per herència. Ja m'explicareu! El meu besavi, marquès; l'avi, marquès; el pare igual. Era inevitable; jo també vaig ser marquès. Tanmateix, deixant de banda el llinatge, el qual més aviat em feia nosa, res no permetia endevinar en mi un membre de les classes privilegiades. No m'atreien les caceres ni els balls a la cort ni les intrigues de Versalles. En canvi, potser com a conseqüència del meu natural malaltís o qui sap si per herència d'algun avantpassat donat a la necrofília, tenia una passió boja per les llengües mortes. El llatí, el sànscrit, el grec, feien les meves delícies. De tota manera, no podia dedicar tot el meu temps a l'estudi. M'empipaven amb tota mena de protocols, cerimònies, besamans... Tant és així que en començar la revolució me'n vaig alegrar. En bona lògica pensava que si guillotinaven la causa, és a dir, l'aristocràcia, desapareixeria l'efecte. S'acabarien els besamans, les intrigues, les caceres, i jo podria dedicar-me de ple a la meva vocació. Tanmateix, en el raonament m'havia passat per alt un detall que tenia la seva importància i era que, pel meu naixement, jo formava part de la causa guillotinable. Me'n vaig adonar, de la meva distracció, el dia que vaig veure les turbes revolucionàries a la porta del palau. No vaig perdre el temps preguntant-los què volien i vaig fugir pel jardí. Disfressat de *sans-culotte*, vaig anar a amagar-me a un poblet que es deia Chalons-sur-Loire. Allò era pau! Tancat en una petita cambra, em passava les hores treballant. Res no em molestava. Només sentia de tant en tant l'esquella d'alguna vaca, però com que jo estava traduint les *Bucòliques*, de Virgili, aquell so més aviat em servia d'estímul. A Chalons-sur-Loire, la revolució ni es notava.

»Tanmateix, un dia va arribar de París l'ordre d'escapçar els jacobins del poble. Ja vam ser-hi. A París miraven molt els detalls, perquè allí feien la revolució que després havia de sortir als llibres d'història. Tenien un carro per portar els condemnats al patíbul, una guillotina nova de trinca, un botxí que cobrava de l'Estat

—com tots els del seu ofici—, dones que feien mitja durant les execucions, i tot anava d'allò més bé. En canvi, a Chalons-sur-Loire calia improvisar. La primera dificultat va consistir en el carro. L'Ajuntament no en tenia i se'n va haver d'emprar un de pagès. De la guillotina, més val que no en parlem. Semblava una màquina de trinxar i aquest efecte es feia més patent si teniu en compte que actuava de botxí el carnisser del poble.

»A la fi, a empentes i rodolons, es van completar els preparatius. El dia assenyalat, tot Chalons-sur-Loire s'havia concentrat a la plaça per veure l'espectacle.

»L'alcalde va fer un discurset en el qual acusava els jacobins condemnats —el pastisser i un paleta— de diverses coses no massa convincents. Després van fer pujar els reus al carro. La veritat, el carro no calia, perquè de l'Ajuntament al patíbul no hi havia ni trenta passes, però s'havia de fer com a la capital.

»Entreixes va arribar un missatger a cavall. A París s'havia produït un cop d'Estat i manaven els jacobins. Ara, l'ordre era escapçar els girondins que havien governat fins aleshores.

»Es va produir un petit aldarull. Total: es va fer baixar del carro els jacobins i aquests hi van fer pujar l'alcalde. Ja tenim el pastisser fent d'orador i formulant contra l'alcalde les mateixes acusacions que aquest havia fet contra ells.

»Arriba un altre correu. A París han tornat a imposar-se els girondins i tornem a la situació primera. L'alcalde d'acusador i els jacobins de víctimes. Tercer correu. Tot a la inversa. Al migdia encara no s'havia aclarit res i la gent ja començava a tenir-ne el pap ple de veure pujar i baixar del carro l'alcalde i els jacobins.

»—Un altre! —cridava el públic cada vegada que arribava un correu.

»—Ja van dotze!

»El propietari del carro el reclamava perquè havia d'anar a l'horta. La gent badallava. Dalt del patíbul, el carnisser feia el que podia per distreure els espectadors. Ara ajustava una peça de la guillotina, ara pujava la ganiveta, la deixava caure, l'esmolava. A la fi, l'home també es va avorrir i es posà a fer migdiada davall la plataforma de la màquina.

»Jo, per no fer-me sospitós, assistia a l'espectacle. Cap a les tres de la tarda l'agutzil del poble vingué a dir-me que l'alcalde m'esperava. L'home era en una sala de l'Ajuntament amb els dos jacobins. Tots tres semblaven esfetgegats. Devia ser de tant pujar i baixar del carro.

»—Ja veieu com estan les coses —va dir-me l'alcalde, preocupat—. Això no hi ha qui ho entengui i, si no ho aclarim aviat, es produirà una revolució. La gent és a les més altes. Ho hem pensat, i l'única sortida que se'ns acut és escapçar un neutral. Així, ningú no es podrà queixar. Ni els girondins ni els jacobins. Vós... —aquí l'home va dubtar una estona—, vós, pel que hem sabut, sou la persona que ens convé. Neutral, i foraster per arrodonir-ho. Ni jacobí, ni girondí, ni res...

»—Home! —em vaig picar—. Tant com res!

»—Excuseu-me. Estic molt nerviós. Volia dir que sou l'escapçat ideal. I jo, en nom de Chalons-sur-Loire, us prego que us sacrifiqueu.

»Vaig emocionar-me. Fer aquell sacrifici per un poble! Era bonic. Però no us penseu que tot era altruisme en el meu pensament. Tenia a les meves mans la salvació de Chalons-sur-Loire, però també la possibilitat d'alliberar-me del meu cos. Un cop de ganiveta i llest. D'una banda, el cos amb les seves necessitats, els seus refredats, els seus dolors d'estómac. De l'altra, el cap, és a dir, jo, totalment lliure per dedicar-se a la reflexió i a l'estudi de les llengües mortes.

»—Acceptat! —vaig dir—. Només poso una condició.

»—La que vulgueu —respongué l'alcalde a correcuita, potser tement que jo em fes enrere.

»—No enterreu el meu cap.

»—¿I què voleu que en fem, nosaltres?

»—Fiqueu-lo dins d'una capsa, envieu-lo a París i que el deixin a qualsevol portal.

»—Doneu-ho per fet. Gràcies en nom de Chalons-sur-Loire. Encara us he de demanar un altre favor, però...

»—¿Quin?

»—¿De què us puc acusar? No se m'acut res.

»—Acuseu-me d'aristòcrata. En aquestes altures de la revolució potser està un xic *demodé*, però aquí, a províncies, encara farà el seu efecte.

»Tot plegat va quedar una mica deslluït. Després de les paraules de l'alcalde em van fer pujar al carro. Vam donar tres voltes a la plaça per crear ambient, però no va haver-hi res a fer. La gent estava cansada i el que volien era anar-se'n cadascú a casa seva. De dalt del patíbul es veia tot Chalons. Un sol esmorteït daurava les bromes que pujaven del Loire. L'únic que recordo després d'això és un grupet de dones que feien mitja davant el cadafal i el so del tambor de l'agutzil. Que malament ho feia, el condemnat!»

Quan el marquès va donar per acabada la seva història, a La Perla de Cuba es va fer un silenci que va tallar Desideri.

—¿I com heu arribat a Barcelona?

—Després de moltes aventures, que ara no fan al cas.

—¿Us heu trobat a vós mateix? —volgué saber Jim.

—Ja us ho diré un altre dia.

—Sou un tipus trempat —va dir Desideri al marquès quan ens n'anàvem a dormir—. L'únic que m'empipa és que no haguéssiu estat a la batalla de Sedan.

ANIVERSARI

—Avui fa un any i, tanmateix, diries que tot allò va passar ahir! —exclamà Josep Terrer, després d'empassar-se la primera glopada d'aquell suc de mig dol que servien al Cafè de la Granota, el qual havia resistit l'anàlisi dels paladars més exquisits de tres generacions de parroquians sense, però, lliurar el seu secret; uns sostenien que estava fet a base de pixats de bruixa, uns altres es decantaven per la infusió d'escarabitxes torrades, hi havia qui parlava de complicades barreges d'estalzí, brea i quitrà, i només en un punt tothom coincidia: a constatar l'absència absoluta de cafè en la composició del beuratge.

—Un any! Renoi, com passa el temps —reflexionà en veu alta Gustau, el cafeter.

—Vam tenir una abrilada galdosa! El déu que la va sacsar!

—D'abrils i de senyors, n'hi ha pocs que no siguin traïdors —digué el gran de ca Soler, que tenia la tarda tibada i sentenciosa.

—Una feta com aquella no l'havíem vista mai en aquest poble. Almenys nosaltres.

—Quina malesa!

—I encara gràcies que al personal no li va passar res.

—Fora d'allò de l'oncle Dalmau...

—No m'hi facis pensar!

—Pobre home! —digué el cafeter en to compungit—. Qui ho havia de dir! Ho recordo com si fos ara: ell estava fent la partida de botifarra, acabava d'aplegar una bona basa amb la manilla de copes quan es va desplomar contra el tapet i bona nit i tapa't! Sense un ai! Igual que si l'haguessin fulminat. I això que jugava de parella amb el metge!

—Jo em vaig quedar esfereïdet —assegurà el Josep.

—Tu i tots! —replicà el cafeter—. ¿Qui ho havia de pensar? ¿Ho hauries dit, tu, que a l'oncle Dalmau l'acaçava la mort? Si tenia salut per donar i per vendre! Era més sec que un filaberquí, però ferreny.

—Material d'abans de la guerra!

—No durarem tant, nosaltres!

—Ni de bon tros!

—Pobre vell! Si no arriba a ser per la riada, que feia tres dies que impedia navegar, s'hauria mort al timó del seu llaüt.

—Era un bon patró.

—Dels millors.

—Per aquest Ebre, el coneixien fins i tot les anguiles.

—Sobretot les anguiles amb faldetes i cuixes ufanoses —aclarí Pauet Segarra, que havia navegat de peó amb el difunt.

—Sí, es veu que havia estat fi per a la cosa.

—Una fura!

—Sort que la seva dona s'ho prenia bé.

—La tenia embadalideta —assegurà Pauet—. Ara, cal dir-ho tot: ell no tornava mai de fer un viatge llarg sense una finesa per a la seva Carme; ara un mocador, ara un fermall... Sempre va viure molt regalada.

—Es veu que la pobra encara no s'ha refet del cop.

—Tu diràs!

—Una desgràcia així!

—És que el de menys va ser la mort.

—I tant!

—Diuen que si la culpa del que va passar va ser del cunyat —deixà anar el cafeter.

—Això no és veritat —s'indignà Pauet—. La gent xerra massa; es veu que sempre cal buscar un culpable. ¿Què havia de fer el cunyat, un home de setanta anys, en aquelles circumstàncies? Si prou feina vam tenir els més joves per salvar la pell! El que no entenc és com no va haver-hi una mortalera!

—En això et dono la raó —va concedir Josep Terrer—. Jo hi era.

—Ja me la pots donar, ja! Tots sabem com és l'entrada de ca l'oncle Dalmau i podeu imaginar, els qui no hi éreu, com estava d'enfarfegada: gent asseguda, gent dreta, tres o quatre corones, la taula damunt la qual havien posat el taüt, encara destapat, amb l'oncle dintre, amb aquella mitja rialla que li havia quedat després del traspàs i que a mi em feia un no sé què a l'estómac. I és que pareix que una cosa no s'adiu amb l'altra, ¿oi? Era, per explicar-ho d'alguna manera, com si l'oncle s'hagués pres la mort de conya o la mort s'hagués pres de conya l'oncle.

—Potser li va tocar una mort entremaliada —va insinuar Gustau, cautelosament—. Una mort joveneta, que encara no tenia el seny complit.

—Potser.

—No diria jo que no.

—Aneu a saber! El cas és que em feia mal efecte. Ja tenia ganes que tanquessin la caixa, que vingués el capellà i enllestir com més aviat millor. A més, patia pels llaüts; la nit passada se m'havia escolat entre vetllar el difunt i baixar als molls amb altres llaüters, a vigilar que la riada no fes petar les amarres de les embarcacions i se les emportés riu avall. I l'Ebre s'inflava més i més; de ca l'oncle sentíem la remor de les aigües. A mig matí van començar a tocar les campanes, i jo, que havia eixit a seure al pedrís, vora la porta, estava més neguitós que mai. M'esgarrifa sentir el toc de difunts. Vaig encendre un cigarret i va ser aleshores quan vaig sentir allò, ho recordo molt bé. A la primeria, el soroll semblava una tamborinada llunyana, però, en un tres i no res, es va tornar un bram ensordidor que em gelà la sang. Em vaig llançar cap a la porta i vaig cridar a la gent de dins, que ja anava esverada: «Tireu escales amunt! De pressa! Tireu escales amunt!». Quin desgavell, nois! De primer moment, tothom va aviar-se cap dalt, però algú, em sembla que va ser un xiquet, va caure al replà i l'escala es va embussar. Sort de l'oncle Quintana, que és un home de molta serenitat i va posar una mica d'ordre; si no, no sé què hauria passat. Al primer pis cridaven les dones. A vint passes de la porta, on jo esperava, esveradet a més no poder, que l'amuntegament de personal s'esbargís una mica per tirar escales amunt, la tapa de ferro d'una claveguera va començar a ballar com la cobertora d'un tupí que bull i va saltar al cap d'un instant, impulsada per un rebuf d'aire a pressió, al qual van seguir un broll negre i pestilent i una allau de rates fastigoses. En aquell precís moment, un doll d'aigua fangosa va remuntar el baixador del moll de la mina Soledat i es va encanonar pel carreró com una mala cosa. Ja no em donava temps de pujar les escales, encara plenes de gent, així que vaig creuar el carreró amb dues camallades i em vaig enfilar a la reixa d'una finestra de la casa del davant. La bursada de l'aigua m'agafà de ple i encara no m'explico d'on vaig treure la força per resistir-la, però, a la fi, amb penes i treballs, vaig poder grimpar més amunt i sortir del corrent. Aleshores vaig sentir els crits dels néts de l'oncle Dalmau, que guaitaven la riada des del balcó del segon pis: «El iaio se'n va! El iaio se'n va! Adéu-siau!». Em vaig girar una mica i, efectivament, el iaio se n'anava. L'aigua, en regolfar a l'entrada, havia tret el taüt al carrer i se l'enduia surant, junt amb les corones, que seguien la caixa en aquella navegació mortuòria. La vídua, avisada pels crits, va treure mig cos pel finestró de l'alcova i començà a exclamar, desesperada: «¿On vas, Dalmau? Mira que pots prendre mal! Torna! Dalmau, no te'n vagis! ¿On estaràs millor que aquí?».

—Tot allò va ser de cosco! —digué, al cap d'una estona, el cafeter.

—I tant!

—A Riba-roja, el van veure passar al migdia.

—I a Tortosa, al tardet.

—Diuen que allí va ser la rehòstia.

—Sí. Quan tothom es pensava que anava a estavellar-se contra un pilar del pont, el taüt va fer una virada d'allò més fina i el va esquivar.

—Vell dels collons! —exclamà Josep Terrer—. Es veu que ni la mort li havia afeblit la traça del navegar.

A L'HÈCTOR EL QUE ÉS DE L'HÈCTOR

Veïns de Cantalaigua: diuen els hòmens aciençats, els savis, que no ens adonem del valor d'una cosa fins que no l'hem perduda i jo, alcalde d'aquesta vila, proclamo que tenen tota la raó. I si jo ho dic, podeu pujarhi de peus; ja sabeu que sóc del morro fort i que no amollo un pam de sirga, encara que em pelin, si no veig les coses clares com la llum del dia.

»Tots sabeu de què parlo, perquè tots sentim l'amargor d'aquesta veritat des que l'Hèctor Riols, el nostre vell carter, el més espavilat i traçut del país, va jubilar-se, avui fa un parell de mesos. Tant de bo aquell dia funest, aquell dia fatal no hagués arribat mai! D'altre pa faríem torrades! Perquè, ¿què ha esdevingut, d'aleshores ençà, el servei postal de la vila, abans modèlic i exemplar? Jo us ho diré sense embuts: una olla de cols. Sí, amics, una olla de cols, un desgavell!

»Sovint, em pregunto què s'ha fet d'aquella confiança cega que tenies abans en el servei de correus, quan llençaves una carta a la bústia, dirigida —posem per cas— a la senyora Matilde Prats i te'n podies anar a dormir com un beneit perquè sabies que l'esmentada senyora, encara que visqués a la Xina, la rebria. Ah, però aleshores el nostre carter es deia Hèctor Riols! En canvi, ara, llençar una carta i començar a patir és la mateixa cosa. "¿Què passarà? —et preguntes amb el cor angoixat—. ¿Eixirà mai del poble? I si surt, ¿on farà cap: a Vallperdiu, a Barcelona, al Japó, a les Amèriques?" I no cal que us expliqui els embolics que hi ha amb les que ens arriben: el carnisser rep les factures del calafat; un cafeter es troba la casa plena de mostres de medecines; les revistes de dones despullades que encarrega el secretari del jutjat fan cap a la rectoria i, jo mateix, l'alcalde, vaig rebre la setmana passada, dintre un sobre oficial del govern civil, una carta que començava dient: "Enyoradíssima Delfina..."! Home, això no ho mana la llei de Déu!

»I no és que jo vulgui ara espellotar de viu en viu el sapastre que ens han encolomat a la carteria, el qual, a sobre de safarós —perquè no em direu que no fa basca entrar en aquella oficina— ens ha sortit més enze que una sinada de baldufes. No! No vull fer mal a ningú. Prou desgràcia té, el pobre, de ser un tanoca. El que sí que vull, però, és que quedi clar que l'homenatge que avui tributem a l'Hèctor se l'ha guanyat a pols, dia rere dia, al llarg de quaranta anys de serveis postals impecables.

»Ja sé que no faltarà qui pensi: "Però, ¿és que l'Hèctor és un sant o què? A veure si ara l'haurem de posar a sobre d'una peanya!". Doncs bé, aquests mortificadors, aquests burxetes —els mateixos que es passen la vida als cafès de la vila, criticant les coses que fa l'alcalde, en lloc de pencar— es poden confitar les murmuracions, perquè jo sóc el primer a reconèixer que l'Hèctor no és, ni ha estat mai, cap sant, no! Ha tingut, com a carter i com a persona, les seves rareses, però —posem-nos la mà al pit, veïns— ¿qui no en té, de manietes? Ai, si jo parlés, si jo deixés anar la llengua potser més de quatre criticaires es voldrien fondre! Quantes coses, amics, sortirien a la llum que us esgarrifarien! Us quedaríeu de pedra picada. Tanmateix, deixem-ho córrer; siguem comprensius, indulgents amb les febleses humanes. Jo, com a alcalde, he de vetllar per tothom, igual que un pare vetlla pels seus fills, i tan veí de Cantalaigua és aquell a qui li agrada posarse la roba interior de la seva dona i mirar-se a l'espill quan es pensa que no el veu ningú, com qui va, d'amagatons i a hores cautes, a escriure porcades contra l'alcaldia a la porta de l'Ajuntament...

»Em direu que l'Hèctor era geniüt, manaire, que de caminet s'enravenxinava i jo contestaré: ¿us hauríeu estimat més un carter faldilletes, un beneit del cabàs? Ja sé que no repartia la correspondència els dies tretze; però ¿de què li hauria servit fer-ho si nosaltres no hauríem obert les cartes fins al catorze? És del domini públic que enviava anònims amenaçadors al rector que vam tenir fa dos anys i cartes d'amor d'allò més apassionades a la seva majordona; tanmateix, no siguem hipòcrites: ¿qui no va somiar més d'una vegada aquell bé de Déu, aquella floreta ufanosa i grassona, aquella espurna que tallava l'alè? Expliqueu-me, si no, ¿per què a tots els calaveres d'aquesta vila descreguda, on l'aigua beneita es torna rància a les piles de l'església i s'hi crien cullerots, els va agafar aquella febrada de misses, rosaris, processons i novenes, fins al punt que l'oncle Josep de Rius, als seus setanta-cinc anys i anarquista de tota la vida, va escriure al bisbe a veure si li donava plaça de capellà?

»Ah, però, fem justícia! Si parlem dels defectes de l'Hèctor, enraonem també de les seves virtuts, les quals l'han fet mereixedor d'aquest homenatge. Per exemple: ¿a quin poble de la ribera heu vist repartir mai el correu per ordre d'edat, tenint en compte el respecte degut a les persones grans? ¿I a quin poble, no ja de la ribera sinó del país sencer, trobareu una bústia com la nostra, que deixa estupefactes els forasters que la veuen, i que ha donat més fama i prestigi a Cantalaigua que les victòries del nostre equip de futbol? Penseu, penseu... Tanmateix, si us voleu estalviar la feina, us ho diré jo: a no cap! Perquè la bústia amb dos forats —un de gran per a les cartes grans i un de petit per a les petites— és una creació original i personalíssima de l'Hèctor!

»I encara hi ha gent envejosa, roïna, que critica la celebració d'aquest homenatge i escampa per la vila que es tracta d'una alcaldada! ¿Voleu saber què penso? Que no ens mereixíem un carter com ell!

»Quanta raó tenia el savi que va dir que ningú no és profeta a la seva terra! El que haurien donat a Vallperdiu per tenir un funcionari tan eixerit! I això no m'ho invento jo, no... Us podria ensenyar una còpia de l'acta de l'últim ple d'aquell Ajuntament, en la qual els regidors fan constar la seva adhesió a aquest homenatge i es planyen, al mateix temps, de la falta que els fa un carter de la categoria de l'Hèctor. I no cal que ho diguin perquè es veu d'una hora lluny: a l'acta hi ha una faldada d'accents mal posats, de bes equivocades i d'hacs espargides a la babalà que esgarrifa!

»I és aquí on jo volia arribar; a la tasca que, encara més que la bústia de dos forats, fa mereixedor l'Hèctor del nostre agraïment. Perquè —digueu-me—, ¿què s'hauria fet de la nostra ortografia, de la nostra sintaxi sense la seva vigilància que mai no defallia, sense el seu mestratge implacable? No vull ni pensar-ho! Qui sap com escriuríem a hores d'ara! Potser, encara pitjor que els de Vallperdiu! Que fàcil és criticar! Però ¿quan va eixir del terme municipal una paraula, només una, amb la més mínima falta? Mai de la vida! ¿Qui no s'ha trobat un altre cop a casa la carta que havia llençat el dia abans a la bústia, amb les faltes d'ortografia i les frases incorrectes marcades amb llapis vermell, junt amb una nota severíssima de l'Hèctor, exigint-ne la repetició? ¿Qui no ha d'agrair a la seva escrupolositat gramatical un condol més sentit i sense castellanismes, una declaració d'amor més apassionada i convincent, un anònim més punxegut i sagnant, una ensarronada més subtil? ¿Amb quins diners es pot pagar, això? Fins i tot ara que ja s'ha jubilat, vetlla per nosaltres, es preocupa de les nostres coses. Si l'haguéssiu vist anit a l'alcaldia, mentre em repassava aquest discurs, feina per la qual es va oferir espontàniament, perquè sap que jo sempre vaig de bòlit! Ja sé que no li farà gràcia que ho digui: és una persona tan modesta, malgrat el seu geni! Però, no m'ho puc callar. Quina paciència, quina meticulositat, amics, quin senderi! Ara canviava una frase, ara en refeia una altra; aquí esborrava un paràgraf sencer, més endavant n'afegia un parell o tres de nous... Quan me'l va llegir, un cop enllestit, em vaig quedar bocabadat, sorprès de mi mateix: m'havia sortit un discurs rodó! Fins i tot l'Hèctor i el seu fill, el Joan, el tinent d'alcalde, em van felicitar.

»Aleshores, vaig adonar-me realment del que havien estat les nits del nostre vell carter durant anys i anys; vaig comprendre el mèrit de la seva tasca abnegada i silenciosa, que els mesquins de sempre atribueixen al gust per la xafarderia i a intencions encara més vergonyoses i tèrboles... Deixem-los dir! De gentussa dolentota, n'hi haurà sempre. Tanmateix, la corporació que tinc l'honor de presidir no escoltarà aquestes insinuacions malèvoles i rancunioses ni passarà per ingrata i ha decidit per unanimitat —amb l'abstenció del tinent d'alcalde, cosa que diu molt a favor d'ell— atorgar la medalla de fill predilecte de la vila a aquest carter exemplar i espill de funcionaris de correus que es diu Hèctor Riols!»

D'UNS VELLS PAPERS DE MÚSICA

L'oncle Jordi Ventura, miner de bona fusta, es reia de la bruixa encantadora, de les tisores obertes, de la sal escampada, del set de la baralla i de la cua del dimoni. Tanmateix, aquell capvespre, quan tornava cap al poble i ja es veia al cafè de Bartomeu amb els amics —Manolet el pastisser, Atanasi, Dalmau Cap de Cistella...— bevent el rom de la nit del dissabte i cantant, tots plegats, *La bella Carolina*, va sentir fred a l'esquena.

La primera vegada, la veu havia eixit de darrere el molí vell, per la vora de la bassa d'aigües quietes on suraven, immòbils, fulles podrides i sargantilles mortes. Era tendra, amb ressons de casa buida, i el cridava:

—Jordi, Jordi...!

L'oncle va aturar el carro i donà una ullada al seu voltant, però no va veure una ànima. Va escoltar un moment: res. Només de baix, de la vora del riu, pujava de tant en tant el raucar de les granotes. No s'hi va capficar; va donar a la mula un copet amb el remal, i reprengué el camí.

Ja veia guaitar per damunt dels olivers les finestres del poble entre les llums vinoses del capvespre, quan va tornar la veu:

—Jordi, Jordi...!

Aquesta vegada l'oncle es va esverar una mica. La veu tenia alguna cosa familiar, el mateix que si l'hagués sentida en un temps molt llunyà. Va fer un esforç i just en el moment que la veu trobava un nom, un cos al món dels records, Jordi Ventura va tenir un calfred. Era la veu de l'oncle, de l'oncle Anselm, el que el portava a l'horta quan ell era petit i que havia mort feia més de quaranta anys.

Després de la de l'oncle va venir la veu de l'avi:

—Jordi, Jordi...!

En sentir-la es va haver d'agafar a la barra del carro per no caure davall les rodes; va tancar els ulls. Ja les veus se'n tornaven, cada vegada més febles, cap allà dalt, a les tombes familiars, on ja s'havien pansit, tocant dels vasos amb oli i xinxetes consumides, i de les pàl·lides fotografies, les flors del darrer Tots Sants.

A l'oncle va semblar-li que ja mai més no arribaria al poble. En aquelles quatre passes que faltaven, el cavall envelliria, s'aniria consumint —cada vegada més tibant la pell retallant-li les costelles, més insegur el pas, la boca més oberta— fins que cauria mort, ensenyant les dents grogues amb una ganyota amarga. I ell, Jordi, damunt del carro, clavat com un espantall, sense poder baixar ni cridar ni moure's, immòbil per sempre més, se sentiria créixer per les galtes xuclades llargues barbes de cendra; a poc a poc el vent li deixaria terra al damunt, i la terra aniria atapeint-se al solc de les arrugues de la pell, amagaria les velles espardenyes, es ficaria a la butxaca de la fosca camisa i encallaria, a la fi, la corda del rellotge. I un dia, al cap de molt temps, quan les pluges haurien podrit la fusta del carro i ell fos estirat a terra, el vent de la tardor li deixaria llavors de blat a l'orella.

El carro va aturar-se amb una queixa.

—Ara caurà la mula —es va dir Jordi—. Ja no hi ha res a fer...

De sobte va sentir soroll de veus. Esverat, va obrir els ulls i es va trobar davant mateix del cafè de Bartomeu. A dins, els amics cantaven *La bella Carolina*.

> «La bella Carolina em va deixar
> per un mariner de mar...!»

Ca Bartomeu. Entre taules velles i cadires coixes, la nit de dissabte feia olor de cafè, alcohol i fum de tabac negre. Es bevia, es cantava, es feia la manilla. Tothom estava content. Només el lloro, un lloro escardalenc de ploma verda, amb ronca veu de borratxo, cridava amb desesperació tocant d'un calendari sense fulles, que anunciava un anís d'abans de la guerra: «Paca! ¿On ets, Paca la Xina? Ai, Paca, Paaaca!». L'ocell sentia la tinya rosegar-li la ploma, deixar-li els canons pelats i veia la llarga paciència de les teranyines nuar les ampolles dels estants amb la bombeta groga, embolicar el mateix Bartomeu, aturat a un altre temps. Només el lloro s'adonava del silenciós escatar-se del guix de les parets, flairava el negre presagi d'enfonsament i runa que surava com una boira dins el vell cafè. El seu instint endevinava la biga que l'havia d'esclafar, la carta de la baralla que trobarien arrugada entre els dits del seu amo el dia que els traurien a tots dos de davall les runes d'aquell món de records. I per això cridava: «Ai, Paca, Paaaca...!» amb xerrics, escanyades i pífies de molinet de cafè, a l'antiga amant de l'amo, tot i saber que no tornaria mai.

«Ai, que llargs,
ai, que llargs són els dies
sense la meua nina!
¿On vas anar,
on vas anar,
Carolina?»

—Au, Atanasi, deixa-ho córrer, que aquest any ja n'hi ha prou de tronades!

—Calla, badoc!

A l'oncle Jordi, recolzat al taulell amb els amics, se'l menjava la tristesa. Feia un esforç, no obstant això, per no donar a entendre res. Parlava, fumava, procurava oblidar el que li havia passat i no ho aconseguia. Després d'allò del camí res no era com abans. Li semblava com si entre ell i les coses hagués caigut una malla, i que colors, veus, moviments quotidians, en passar-hi, hi deixessin enganxat el seu sentit i a ell només li arribaven colors freds, esmorteïts, veus buides i moviments d'espantalls articulats. Sentia la mateixa sensació de solitud que, de noi, experimentava la darrera nit de les festes majors, a la plaça buida, davall de les garlandes de paper que penjaven tristament, ja mig desfetes, quan veia els músics recollir els instruments i anar cap a unes altres festes que també s'acabarien davant d'uns altres ulls d'adolescent.

—Jordi —la veu de Joan, el paleta, li arribava de molt lluny i també buida—. ¿Quantes dents li vas arrencar a l'agutzil la nit que us vau barallar?

—No ho sé.

—Quan agranava el cafè l'endemà al matí en vaig trobar quatre —va aclarir Bartomeu.

—¿I les que es va empassar, què? —burxava Joan.

—Si almenys va estar dos mesos menjant sopes escaldades!

Es va fer un silenci i l'oncle, esgarrifat, es va adonar que tothom continuava parlant. Movien les mans, els llavis. Eren en un món del qual ell ja no formava part. Dalmau Cap de Cistella va obrir la boca esdentegada, negra, en el que devia ser una riallada que Jordi no va sentir. Perquè el que ell va sentir era la veu, la veu d'abans que el cridava des de fora a través de la porta del cafè:

—Jordi, Jordiii...!

Agafat al taulell, es va estremir. En aquell moment va escoltar la riallada de Dalmau.

—¿Què voleu beure? —deia Manolet el pastisser—. Aprofiteu que us convido!

—Conyac!

—Rom!

—Un cigaló de lleixiu!

—Aquesta nit no estic per a trencaclosques. Així que tots cafè —va sentenciar Bartomeu, empipat perquè no li eixia el solitari.

—D'això, en diuen democràcia!

No podia ser que la veu el cridés. Encara no era un vell, tenia força, treballava. Allí estaven les seves mans que mai no havien parat. Les va aixecar com per mostrar-les a algú invisible i es va quedar esgarrifat. ¿Quin joc sinistre era aquell? ¿Qui li havia canviat les mans, grans i fortes, per aquelles d'infant? Passat el primer esverament es va adonar, però, que no li eren desconegudes, que reconeixia com a seves les sensacions dolcíssimes d'aquells dits, petits i tendres, que tot just començaven a conèixer les coses: la cadira, la taula, la clau del pany de cals pares, la palmatòria d'aram, el misteriós costurer que hi havia a la cuina, ple de fantàstics botons, de rodets de fil, de llargues agulles i estampes descolorides, de recordatoris; les ulleres de l'avi, aquell home alt i ferm que tenia una gaiata, un rellotge de plata i un gos que es deia Quinto. A través dels dits tornaven sense parar les coses entranyables: era fred el ferro de la pica amb què el pare arrencava el carbó a la mina, tendra i suau la cara de la mare i no s'havien de tocar els tions de la llar ni el ganivet perquè si no les animetes a la nit no deixaven xocolata davall del coixí.

La veu forta d'Atanasi va trencar l'encantament.

—¿Què hi has ficat dins el cafè, Bartomeu del dimoni?

—Sense veure-ho, ho endevino —cridà un altre—. Els mitjons del capellà!

—Al meu hi havia un pollastre amb ulleres!

—I al meu un sissenyor amb butxaques!

—Quina sort teniu, nois! A mi només m'ha tocat la canya de la doctrina!

—A veure si em fareu pujar el fum al nas i us engego tots a dida! ¿Què hi teniu a dir del meu cafè?

L'oncle, enyorat, es mirava les mans: havien ja fugit les animetes i els llargs estius bonics. Les mans encara tendres agafaven el mànec de la pala, el carbó les ennegria i el sabó que la mare feia a casa coïa a la carn esgaiada. Dia a dia es van fer dures, amples. Sabien fer els cigarrets sense trencar el paper ni deixar caure el tabac, xocar una mà com cal, deixar el dissabte al vespre la cara neta amb la navalla d'afaitar del pare i donar un cop sec damunt les taules del cafè del Bartomeu, jugant a la manilla. Es posaven nervioses en estrènyer al ball la cintura d'una noia i també quan al llençol que servia de pantalla al petit cine del poble, unes dones misterioses amb els ulls molt pintats es desmaiaven d'amor als braços de Rodolfo Valentino. Totes eren mans amigues: de llaüter que remava, Ebre avall fins a mar, en els llaüts carregats de carbó; de miner, com les seves; de calafat, de pagès, de paleta; per damunt de totes, però, les mans de Manolet el pastisser, que, mentre el pa es coïa al forn, embolicat per l'olor del romaní, tocava el trombó de vares i llegia Bakunin, assegut damunt les saques de farina. L'oncle encara es veia les mans aplaudir, al cafè d'un Bartomeu trenta anys més jove, quan s'apagaven, entre crits, els llums i a l'escenari il·luminat eixia com un llamp Paca la Xina amb els pits quasi a l'aire i al cap un mocador de ratlles blaves; es posava a cantar, mentre un negre d'anunci de xocolata, amb barret de palla i elàstics florejats, tocava les maraques. Ara veia clar que Manolet era l'únic que s'adonava, enmig d'aquella gresca, que la cupletera era la darrera bocada d'un temps que fugia, i que faltava molt poc perquè s'apaguessin per sempre més les llums de les bambolines.

«¿On ets, Paca? Ai, Paca, Paaaca...!»

—Cony de lloro...

Tots els altres s'havien pres el cafè. Al taulell només quedava el seu, ja fred. L'oncle, però, no se n'adonava. Els seus ulls tan sols veien unes mans de vint-i-dos anys: sense feina, enrabiades. Havien tancat les mines. Els llaüts ja no baixaven fins a mar; com negres peixos morts es podrien en el silenci del riu, o a la vora de l'aigua; el sol d'estiu, quasi blanc, els obria la fusta amb un xerric sinistre i els gatells els creixien entre les costelles. No se sentia el soroll dels aixols dels calafats, ni les veus dels patrons. El silenci es feia agut, insuportable als carrers abrasats pels quals només passava, de tant en tant, un gos sense collar de qui ningú no sabia el nom de l'amo. Fins que les mans van agafar el fusell, del qual encara recordaven el pes, la forma, el contacte fred de la boleta de la tanca. A la trinxera, les mans dels companys: bastes i fines, fermes i tremoloses, enyorades. Les de Dalmau Cap de Cistella sempre dins les butxaques de la granota de milicià, les de Manolet el pastisser escrivint a Bartomeu cartes per a Paca la Xina, que s'havia quedat sola, amb els ulls despintats pels plors dels adéus, al cafè sense gent, sense gresca, sense música, a una biga del qual s'havia ficat una teranyina. Es va veure les mans d'aquell dia d'infern al contraatac de Singra, va recordar la veu tranquil·la de Manolet entre els sorolls del combat: «¿Com va, Jordi?».

—¿Com va, Jordi?

L'oncle es va sobresaltar. Li havia semblat per un moment que encara eren allí, veure a la bocamànega de la camisa de Manolet el galó roig de comissari del batalló. Però no era això. El temps havia passat i ell havia sentit una veu que el cridava.

—Bé, Manolet, bé.

—¿Que no et prens el cafè? Ja deu ser fred...

No podia. Desesperat, va provar-ho una altra vegada mentre mirava de reüll els amics que parlaven de dones.

—La vaig agafar... —gallejava Dalmau.

—¿Darrere la porta? —va sucar Atanasi.

—¿Com ho has endevinat?

—Perquè les agafes totes al mateix lloc des de fa cinquanta anys...

—¿Què vols dir?

—Que a França esmolen!

No entenia què passava. Serrant les dents va intentar de nou separar les mans per agafar la tassa del cafè de damunt el taulell. Un dolor insuportable, com el d'una cremada, li mossegà els canells i gairebé el va fer cridar. En aquell moment l'oncle es va veure la corda, la mateixa amb què l'havien lligat quan el van fer presoner. Ara, al cap de trenta anys, encara no l'havien deslligat. Va estirar amb ràbia, va petar la corda i el puny dret, amb l'impuls, va fer caure la tassa del cafè, que es va esbocinar contra les rajoles.

—No et preocupis, Jordi. Tal dia farà un any! —va dir algú.

¿Anys? ¿Dies? ¿Què volia dir tot allò? Aquella nit el temps ja no tenia sentit, com no en tenia el calendari esfullat del vell anís, tocant del qual xerrava el lloro. No hi havia distància ni separació entre les mans que acabaven de trencar la tassa i aquelles, consumides i febroses, que tornaven a tocar les coses estimades, el març de l'any quaranta, quan va eixir del camp de concentració. Quina alegria entremesclada de tristor i por, la d'aquells dits que tocaven de nou la porta de casa, la cara adolorida i ansiosa de la mare, la del pare envellit i seriós, la gaiata de l'avi, mort quan ell era lluny! I al cafè, el mateix on era avui, quina sensació estranya la de les mans dels amics. Unes, trencades, buides, sense nervi, vençudes; d'altres, en canvi, senceres i fortes. I les mans dels absents, invisibles, que venien de lluny —de les tombes de Terol, de Singra, de l'Alt Aragó— com un alè, a tocar les d'ell... Allí hi havia Dalmau Cap de Cistella, Atanasi, Manolet el pastisser, que aleshores pastava pa negre i ja no tocava el trombó de vares perquè les rates famolenques del forn, quan ell no hi era, se li havien menjat els papers de música. El cafè estava trist, mort. Damunt del taulell, retallat contra un fons de prestatges buits i polsosos, xerrava un lloro verd que Bartomeu, quan va tornar de França, duia per a Paca la Xina. Però la cupletista no era al poble. Havia marxat com tothom el dia de l'evacuació i ningú no n'havia sabut res més. I el lloro la cridava, traduint amb veu de rom el plany del cafeter: «¿On ets Paca la Xina? Ai, Paca, Paaaca...!».

—¿On ets, Paca la Xina? Ai, Paca, Paaaca...!

L'oncle hagué de fer un esforç per no saltar darrere el taulell i escanyar l'ocellot, parar per sempre més aquell crit sense esperança que li foradava el cervell. Però es va aturar. Va comprendre que, amb el lloro, mataria Bartomeu, dispersaria la pols d'aquells records que el feien viure.

—¿Que no hem de veure rom aquesta nit? —es va esbatullar Dalmau—. A veure quants som: dos, quatre, sis, a l'Atanasi no el compto perquè és un reaccionari..., nou. Total, tretze.

—Toca ferro!

—No t'esveris. Mon pare sempre deia que un home no s'ha d'espantar fins que no es veu el cap a quatre passes. Bartomeu: rom per a vint-i-quatre!

L'oncle Jordi ni va tocar el got. En anar a fer-ho li va arribar de nou la veu des de la plaça: «Jordi, Jordi...!». I el ressò dins el seu cap deia: «Vell, vell!». ¿Vell?

Si era ahir que les mans enamorades descobrien el cos tot tremolós de Maria; ahir que acariciaven les trenes rosades de la petita Dora adornades amb llaçades blau cel. Va pensar, tanmateix, amb una esgarrifança, que ja feia molt de temps que la filla era una dona. Recordava el dia que Maria li ho havia dit —aquells dies la filla estava blanca, mirava avergonyida i per no res plorava—, recordava també la barreja d'orgull i de por que li va omplir el pit, i es va veure les mans, de sobte esporuguides, deixar, respectuoses, les trenes de la noia, no saber què fer i, a la fi, posar-se a jugar nerviosament amb la cadena del rellotge del pare, la qual ja feia catorze anys que li encreuava l'armilla.

Una angúnia molt forta va començar a oprimir-li la gola. L'oncle Jordi va sentir la necessitat d'aturar aquella veu, de tallar-la i tornar a ser ell; el que aquella tarda, assegut dalt del carro, somiava amb els amics i el rom, amb la tendra alegria de viure, un home amb esperança. Va comprendre, però, que no ho aconseguiria si es quedava allí dins, al vell cafè del passat, gemegant amb Bartomeu per la cupletista desapareguda que ja no cantaria mai més.

Havia d'eixir, pujar al carro que l'esperava fora i seguir endavant.

«La bella Carolina em va deixar
per un mariner de mar...»

Tots estaven borratxos. Tan sols el pastisser, que no bevia mai i semblava un sentinella a l'aguait, el va veure sortir.

El xerric de la porta del cafè en tancar-se darrere d'ell va ressonar com una llarga queixa per l'espessa nit dels porxos de la plaça. En eixir, l'oncle ja pressentia allò que li esperava, i quan el silenci de la plaça va donar-li la mesura de la seva solitud, es va sentir feble, desemparat, covard. Volia tornar al cafè. Tanmateix, una gran vergonya li ho va impedir.

Es va acostar al carro. Però, de sobte, en anar a pujar-hi, va veure com el vehicle es desdoblava, el mateix que en una visió estràbica, i davant seu va trobar dos carros. Eren exactament iguals —les mateixes rodes, el mateix color, el mateix cavall vell enganxat a les barres. L'angoixa va apoderar-se de l'home; sabia que per força havia de pujar en un dels dos, que no podia quedar-se allí, a la plaça, ni entrar un altre cop al cafè de Bartomeu. Endevinava que un dels carros el portaria a un poble de fums i boires, habitat per gent sense nom i sense ombra, on els rellotges no tenien manetes; l'altre el duria de nou a l'esperança, a la vida, a ell mateix. Però també sabia que era inútil intentar esbrinar en quin dels dos era la trampa. Per a aquella pregunta que el cremava, mai ningú no havia trobat resposta.

Al cafè, les veus ronques de rom s'anaven apagant; només Cap de Cistella, que havia anat a caure darrere el taulell, als peus del pastisser, que meditava, va tenir força per arribar a la darrera estrofa:

«Ai, que llargs són els dies
sense la meva nina!».

I el lloro, mentre a fora se sentia soroll de rodes de carro, va rematar amb el plany del recoble:

«¿on vas anar,
Carolina?».

SUMARI